SOLFÉGE D'ENSEMBLE

TROISIÈME PARTIE

CONTENANT

DES DUOS, TRIOS, QUATUORS, CHŒURS ET MORCEAUX D'ENSEMBLE

Dédiée à Son Altesse Royale

MADAME LA DUCHESSE DE MONTPENSIER

PAR

A. PANSERON

Professeur de Chant au Conservatoire et Membre de la Légion-d'Honneur.

Cette Partie renferme Vingt Morceaux avec paroles françaises ou latines.

Prix net : 5 francs.

Catalogue des Morceaux contenus dans cette Partie.

1.	O Dieu de clémence! chœur à 2 voix.... Prix net.	50
2.	Les deux Troubadours, duo pour soprano et ténor...	50
3.	Prière du Pécheur, trio..........................	50
4.	A toi mon seul bonheur, chœur à 3 soprani.........	50
5.	Marche, Valse et Polka, trio......................	50
6.	Benedictus, trio à 3 soprani......................	50
7.	O Salutaris, pour 3 soprani.......................	50
8.	Et Incarnatus est, pour 2 soprani et ténor........	50
9.	C'est une chose sainte et belle, cantique à 4 soprani.	50
10.	Le Retour des Montagnes, Chœur à 4 voix d'homme.	50
11.	Cantique hébraïque, à 4 voix d'homme.... Prix net.	50
12.	O Salutaris, à 4 voix d'homme.....................	50
13.	Requiem, à 4 voix d'homme.........................	50
14.	Kyrie, fugue à 4 voix d'homme.....................	50
15.	Hosanna et Benedictus, à 4 voix d'homme...........	50
16.	Pie Jesu, à 4 voix d'homme........................	50
17.	Benedictus, à 4 voix..............................	50
18.	De Profundis, à 4 voix............................	50
19.	Paris tranquille, à 4 voix d'homme.......... 1 fr.	-
20.	Tunc imponent, fugue du Miserere, à 4 voix........	50

PARIS

CHEZ L'AUTEUR, RUE HAUTEVILLE, Nº 21

Et chez tous les Marchands de Musique

Les Morceaux détachés se vendent chez A. GRUS, boulevard Bonne-Nouvelle, 31

La grande Édition avec accompagnement de Piano à l'usage du Professorat.
Prix marqué, 72 fr. — Chaque Partie. Prix marqué, 25 fr.

Typ. d'E. Duverger, rue de Verneuil, 4.

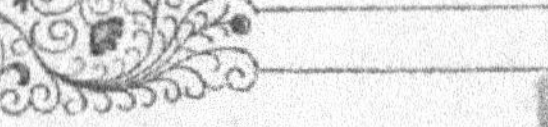
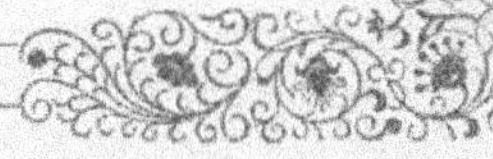

1847

Ô DIEU DE CLÉMENCE.

CANTIQUE A DEUX VOIX.

Musique d'Auguste **PANSERON** Professeur de Chant au Conservatoire
et Membre de la Légion d'honneur.

N°.121.

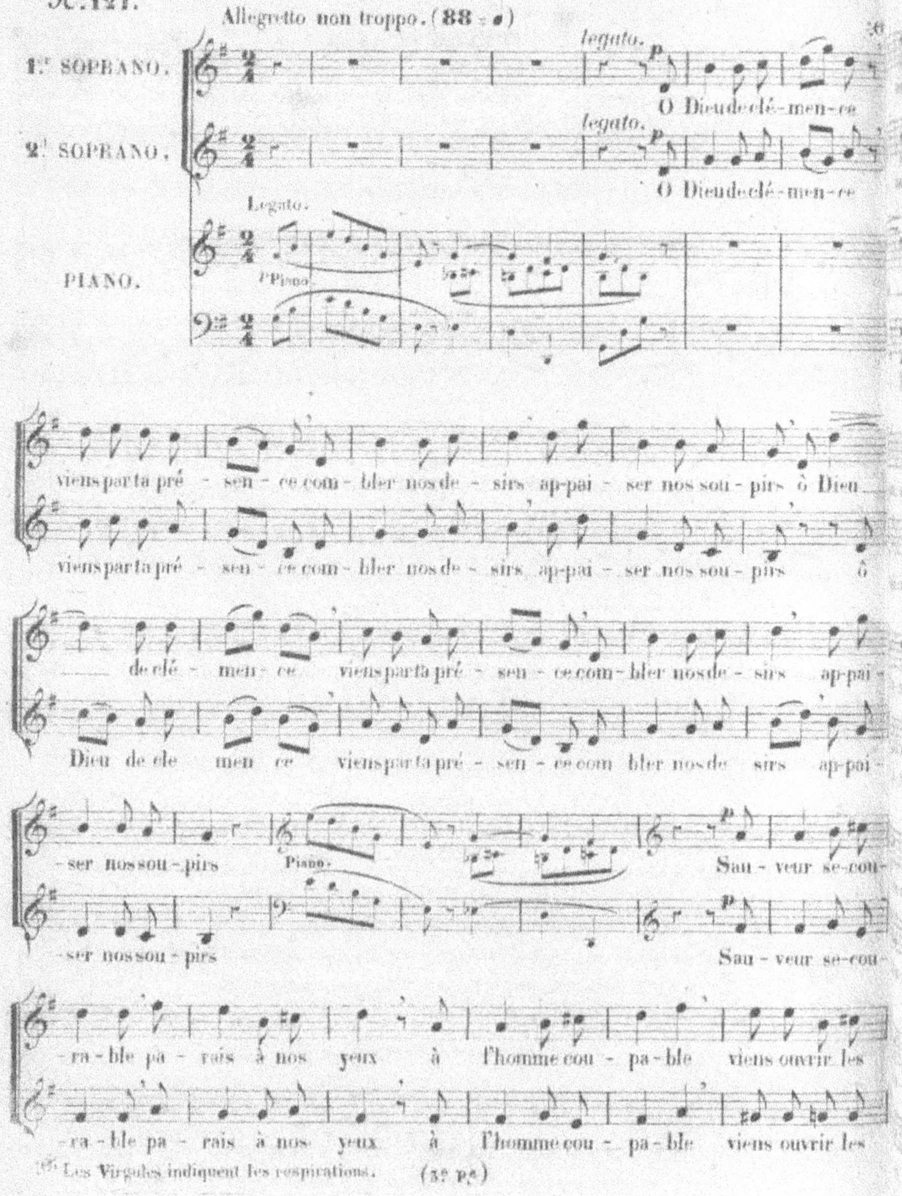

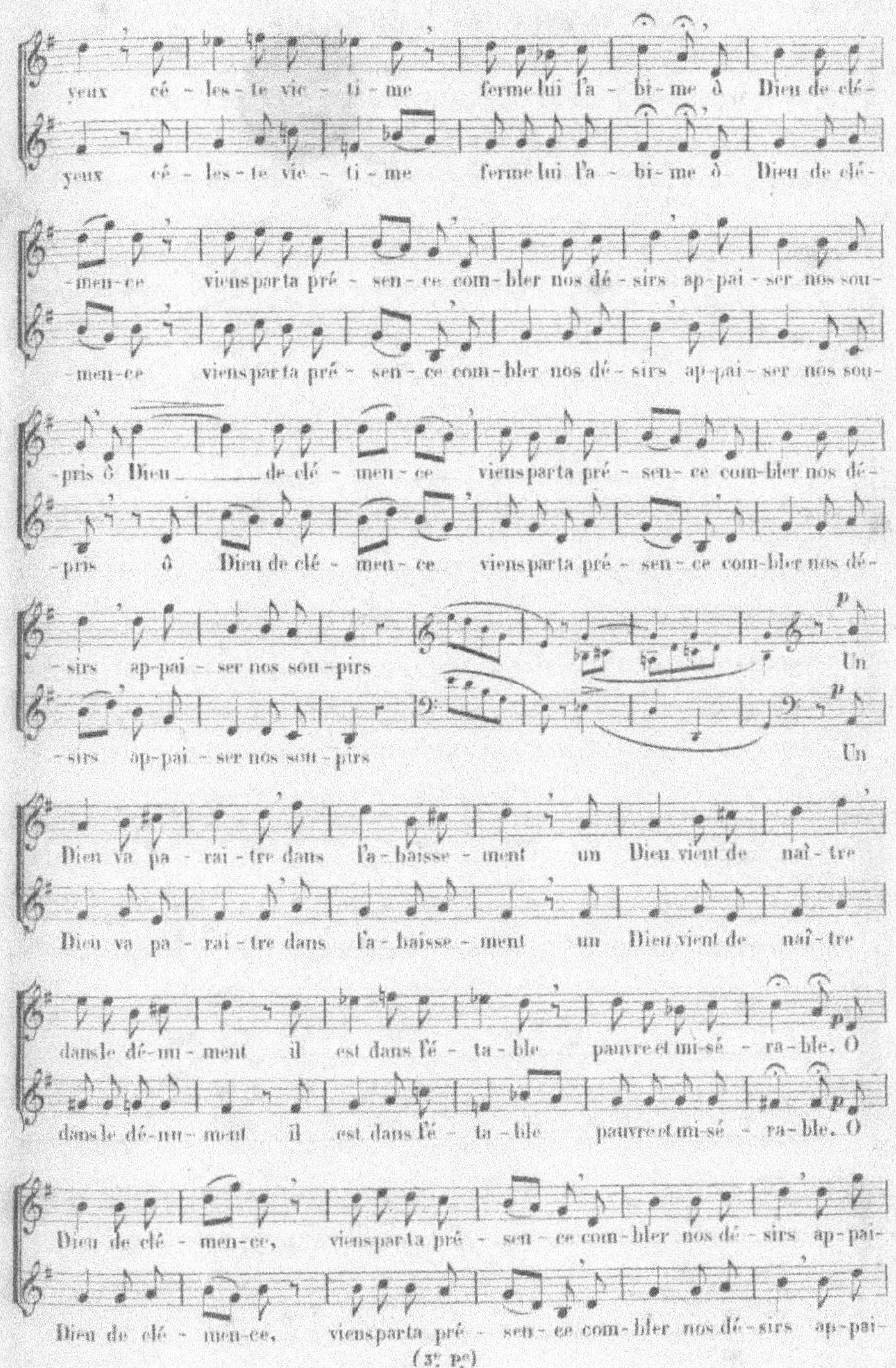
yeux cé - les - te vic - ti - me ferme lui l'a - bi - me ô Dieu de clé-
yeux cé - les - te vic - ti - me ferme lui l'a - bi - me ô Dieu de clé-
-men-ce viens par ta pré - sen - ce com - bler nos dé - sirs ap - pai - ser nos sou-
-men-ce viens par ta pré - sen - ce com - bler nos dé - sirs ap - pai - ser nos sou-
-pris ô Dieu de clé - men - ce viens par ta pré - sen - ce com - bler nos dé-
-pris ô Dieu de clé - men - ce viens par ta pré - sen - ce com - bler nos dé-
-sirs ap - pai - ser nos sou - pirs Un
-sirs ap - pai - ser nos sou - pirs Un
Dieu va pa - rai - tre dans l'a - baisse - ment un Dieu vient de naî - tre
Dieu va pa - rai - tre dans l'a - baisse - ment un Dieu vient de naî - tre
dans le dé - nu - ment il est dans l'é - ta - ble pauvre et mi - sé - ra - ble. O
dans le dé - nu - ment il est dans l'é - ta - ble pauvre et mi - sé - ra - ble. O
Dieu de clé - men - ce, viens par ta pré - sen - ce com - bler nos dé - sirs ap - pai-
Dieu de clé - men - ce, viens par ta pré - sen - ce com - bler nos dé - sirs ap - pai-

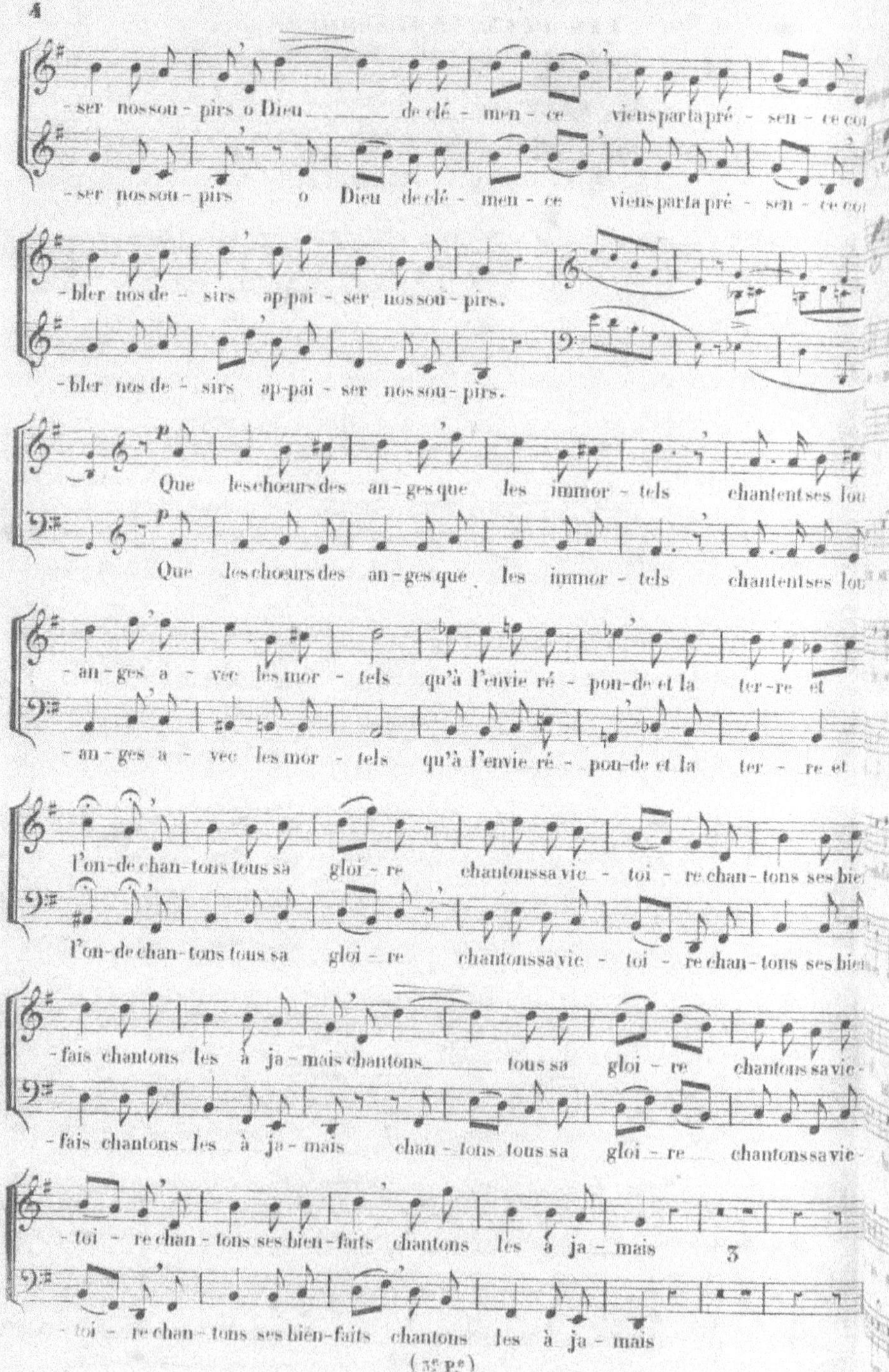
-ser nos sou-pirs o Dieu de clé-men-ce viens par ta pré-sen-ce com
-ser nos sou-pirs o Dieu de clé-men-ce viens par ta pré-sen-ce com
-bler nos de-sirs ap-pai-ser nos sou-pirs.
-bler nos de-sirs ap-pai-ser nos sou-pirs.
Que les choeurs des an-ges que les immor-tels chantent ses lou
Que les choeurs des an-ges que les immor-tels chantent ses lou
-an-ges a-vec les mor-tels qu'à l'envie ré-pon-de et la ter-re et
-an-ges a-vec les mor-tels qu'à l'envie ré-pon-de et la ter-re et
l'on-de chan-tons tous sa gloi-re chantons sa vic-toi-re chan-tons ses bien
l'on-de chan-tons tous sa gloi-re chantons sa vic-toi-re chan-tons ses bien
-fais chantons les à ja-mais chantons tous sa gloi-re chantons sa vic-
-fais chantons les à ja-mais chan-tons tous sa gloi-re chantons sa vic-
-toi-re chan-tons ses bien-faits chantons les à ja-mais
3
-toi-re chan-tons ses bien-faits chantons les à ja-mais

LES DEUX TROUBADOURS.

SERENADE A DEUX VOIX.

Pour Soprano et Tenor.

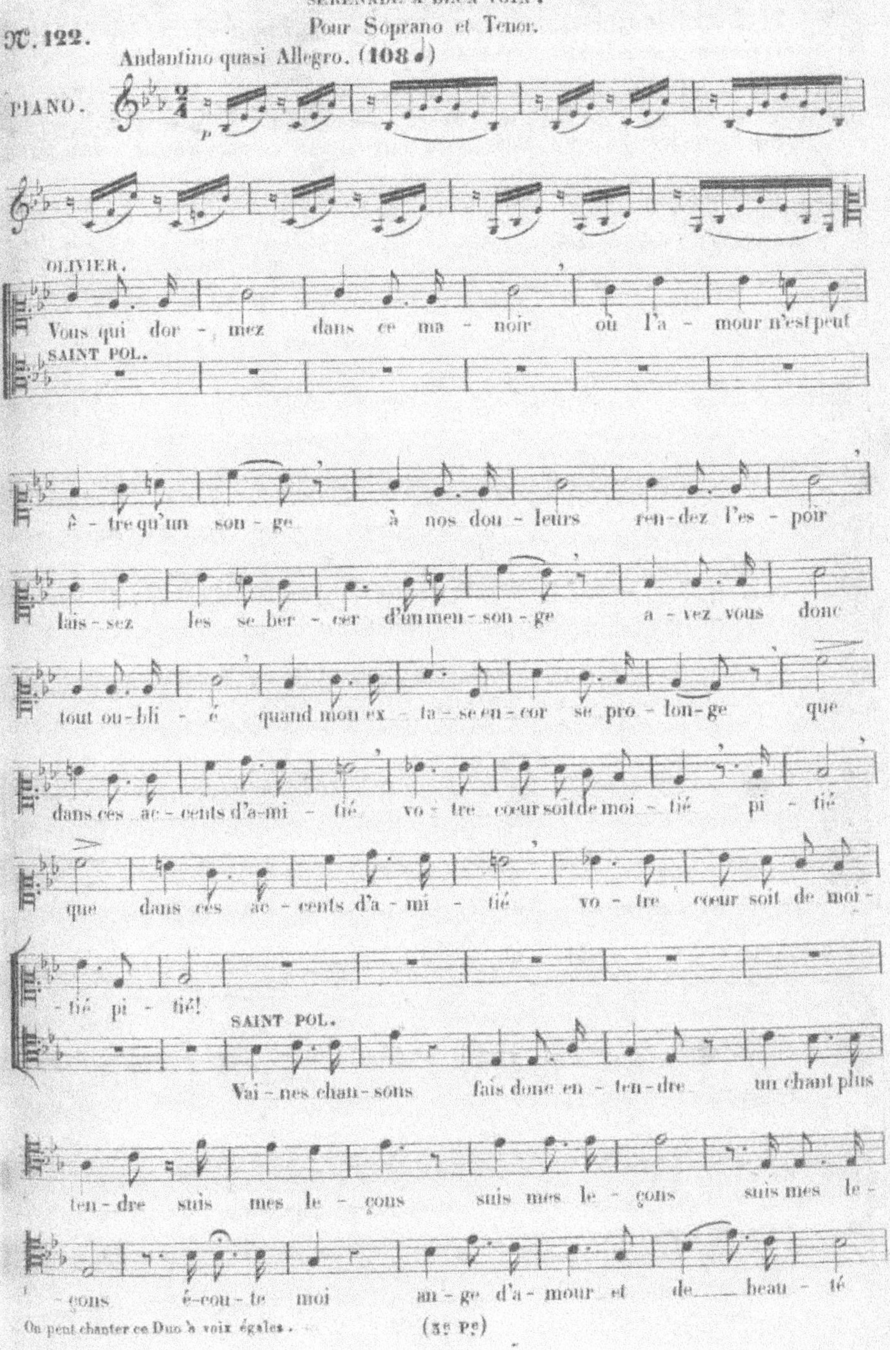

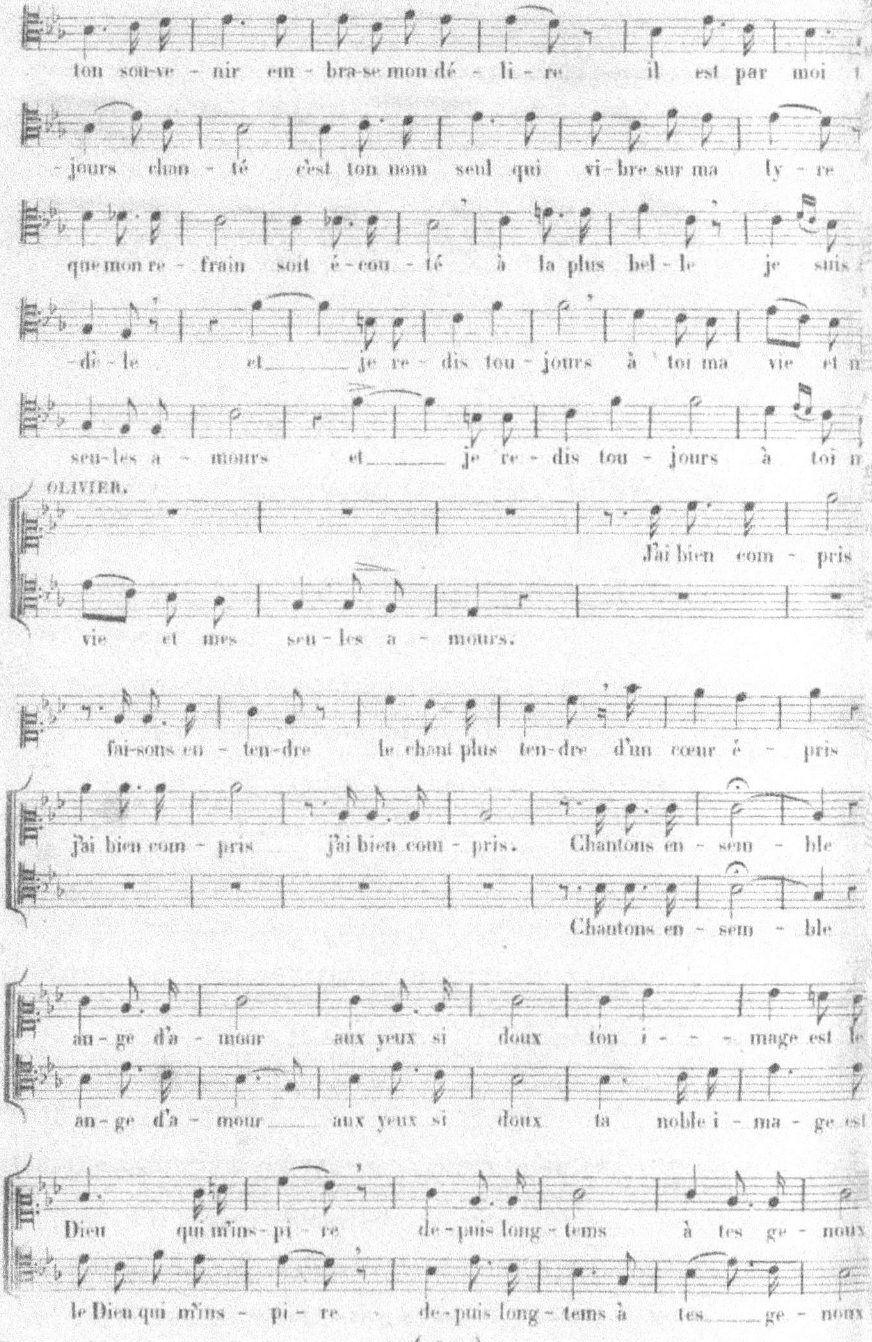

ton sou-ve - nir em - bra-se mon dé - li - re il est par moi t

-jours chan - té c'est ton nom seul qui vi-bre sur ma ly - re

que mon re - frain soit é-cou - té à la plus bel - le je suis

-dè - le et_____ je re - dis tou - jours à toi ma vie et m

sen-les a - mours et_____ je re - dis tou - jours à toi m

OLIVIER.

J'ai bien com - pris

vie et mes sen-les a - mours.

fai-sons en - ten-dre le chant plus ten-dre d'un cœur é - pris

j'ai bien com - pris j'ai bien com - pris. Chantons en - sem - ble

Chantons en - sem - ble

an-ge d'a - mour aux yeux si doux ton i - - mage est le

an-ge d'a - mour____ aux yeux si doux ta noble i - ma - ge est

Dieu qui m'ins-pi - re de-puis long-tems à tes ge - noux

le Dieu qui m'ins - pi - re de-puis long-tems à tes____ ge - noux

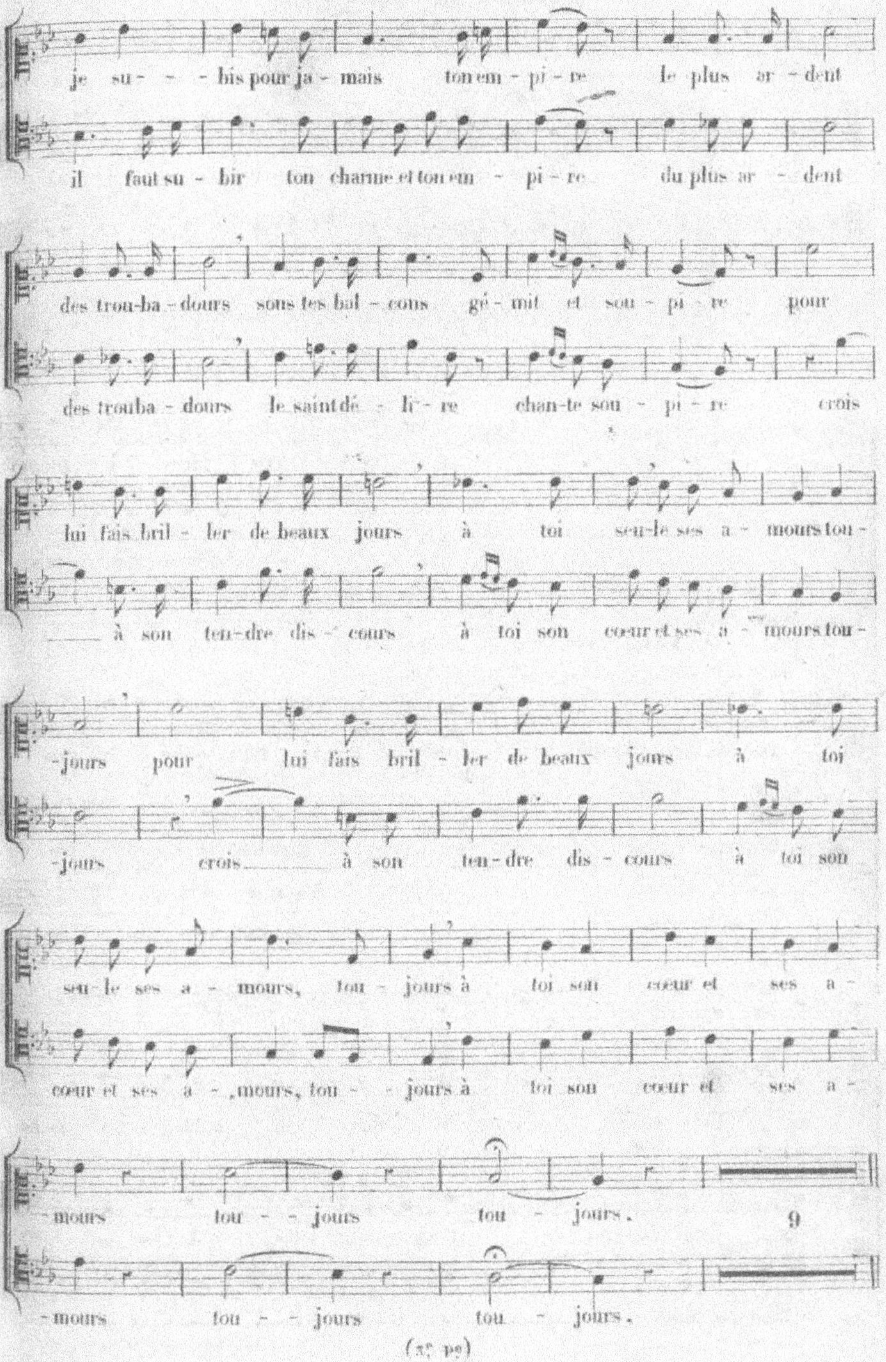

je su - - - bis pour ja - mais ton em - pi - re le plus ar - dent
il faut su - bir ton charme et ton em - pi - re du plus ar - dent
des trou-ba - dours sous tes bal - cons gé - mit et sou - pi - re pour
des trouba - dours le saint dé - li - re chan-te sou - pi - re crois
lui fais bril - ler de beaux jours à toi seu-le ses a - mours tou -
à son ten-dre dis - cours à toi son cœur et ses a - mours tou -
-jours pour lui fais bril - ler de beaux jours à toi
-jours crois à son ten - dre dis - cours à toi son
seu-le ses a - mours, tou - jours à toi son cœur et ses a -
cœur et ses a - , mours, tou - - jours à toi son cœur et ses a -
-mours tou - - jours tou - jours. 9
-mours tou - - jours tou - jours.

(3e. pe)

PRIÈRE DU PÊCHEUR.

TRIO.

N°. 123.

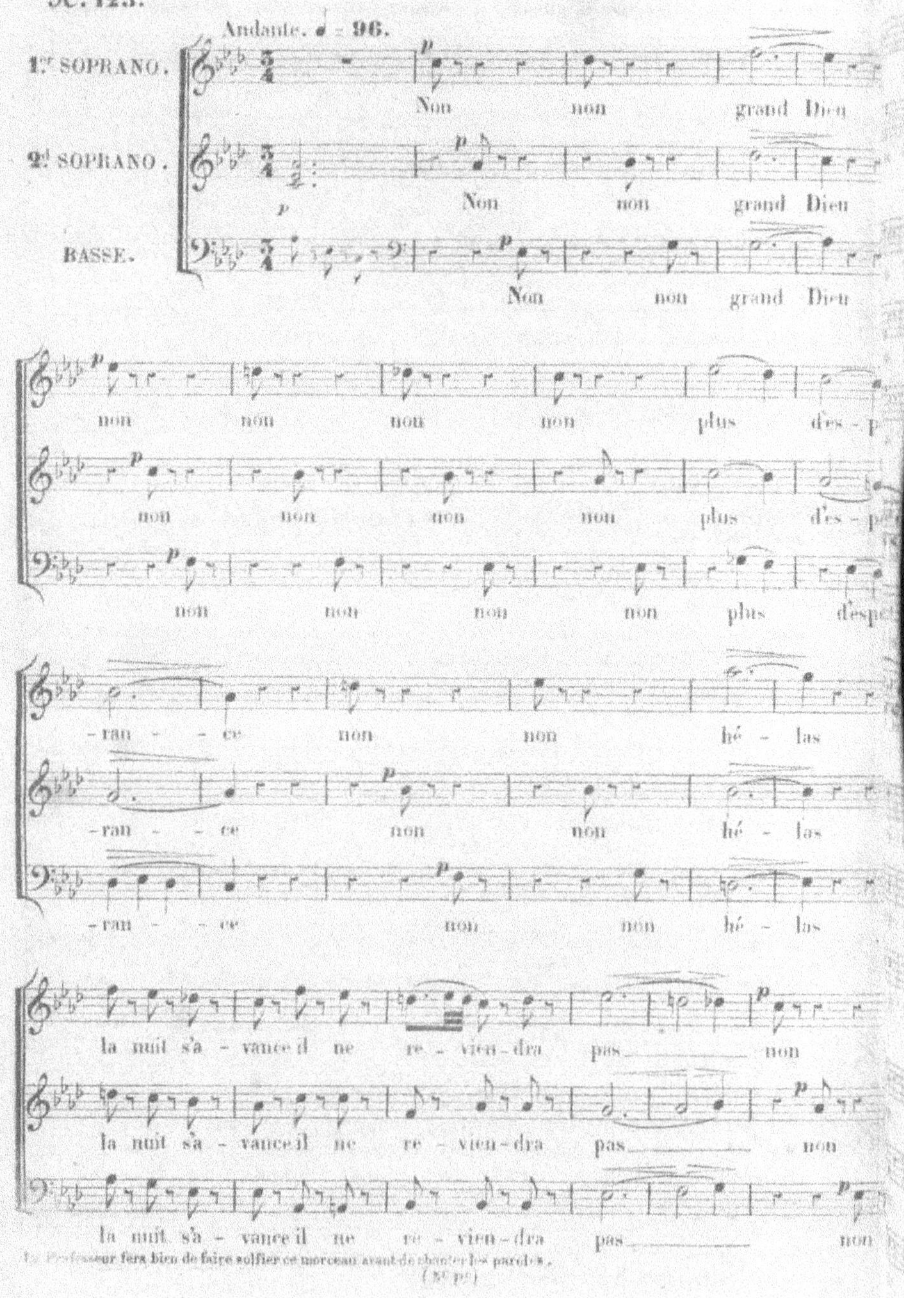

Le Professeur fera bien de faire solfier ce morceau avant de chanter les paroles.

(3.e P.e)

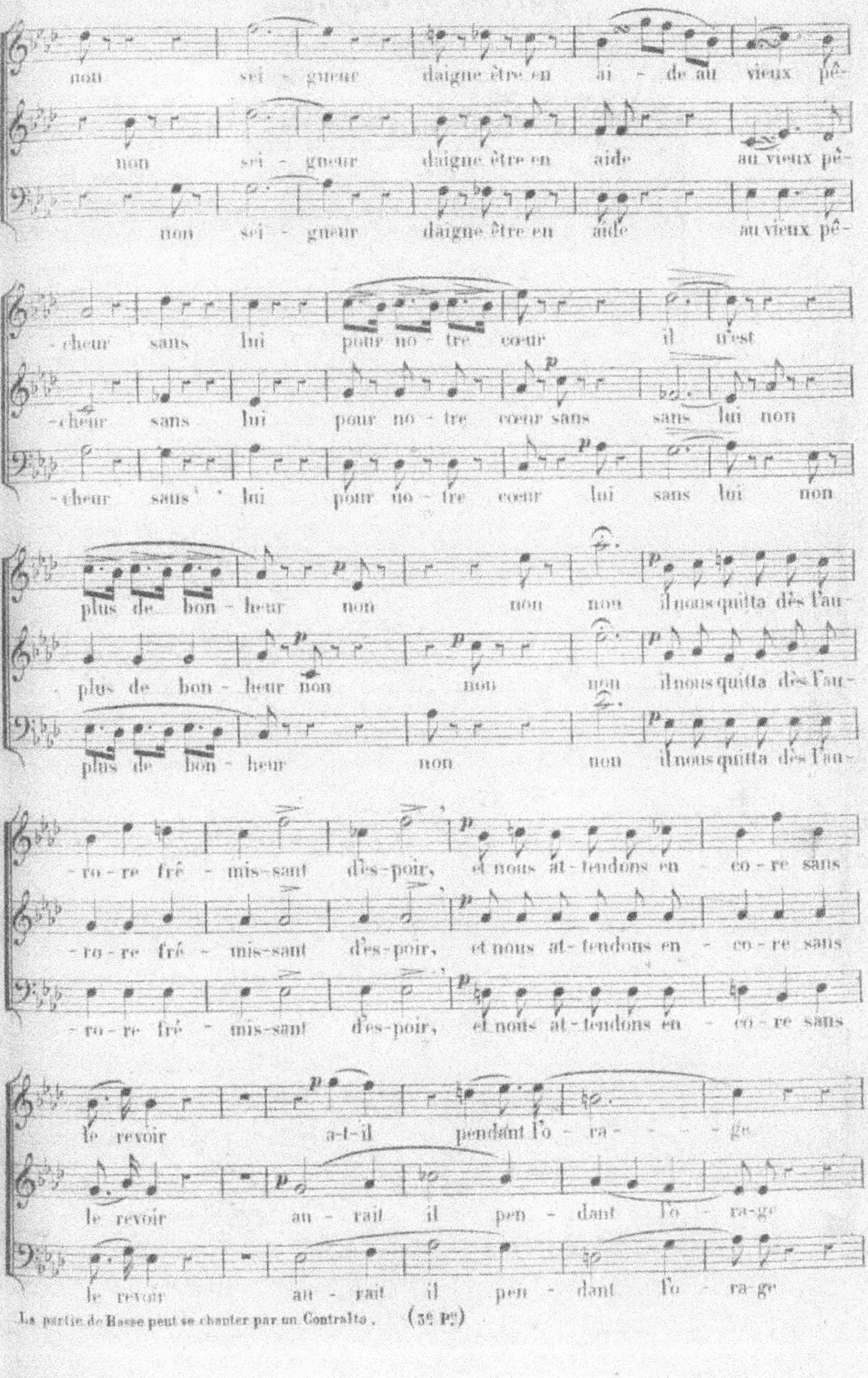

non sei - gneur daigne être en ai - de au vieux pê-

non sei - gneur daigne être en aide au vieux pê-

non sei - gneur daigne être en aide au vieux pê-

-cheur sans lui pour no - tre cœur il n'est

-cheur sans lui pour no - tre cœur sans sans lui non

-cheur sans lui pour no - tre cœur lui sans lui non

plus de bon - heur non non non il nous quitta dès l'au-

plus de bon - heur non non non il nous quitta dès l'au-

plus de bon - heur non non il nous quitta dès l'au-

-ro - re fré - mis-sant d'es-poir, et nous at - tendons en - co - re sans

-ro - re fré - mis-sant d'es-poir, et nous at - tendons en - co - re sans

-ro - re fré - mis-sant d'es-poir, et nous at - tendons en - co - re sans

le revoir a-t-il pendant l'o - ra - - - - ge

le revoir au - rait il pen - dant l'o - ra-ge

le revoir au - rait il pen - dant l'o - ra-ge

La partie de Basse peut se chanter par un Contralto. (3e P.)

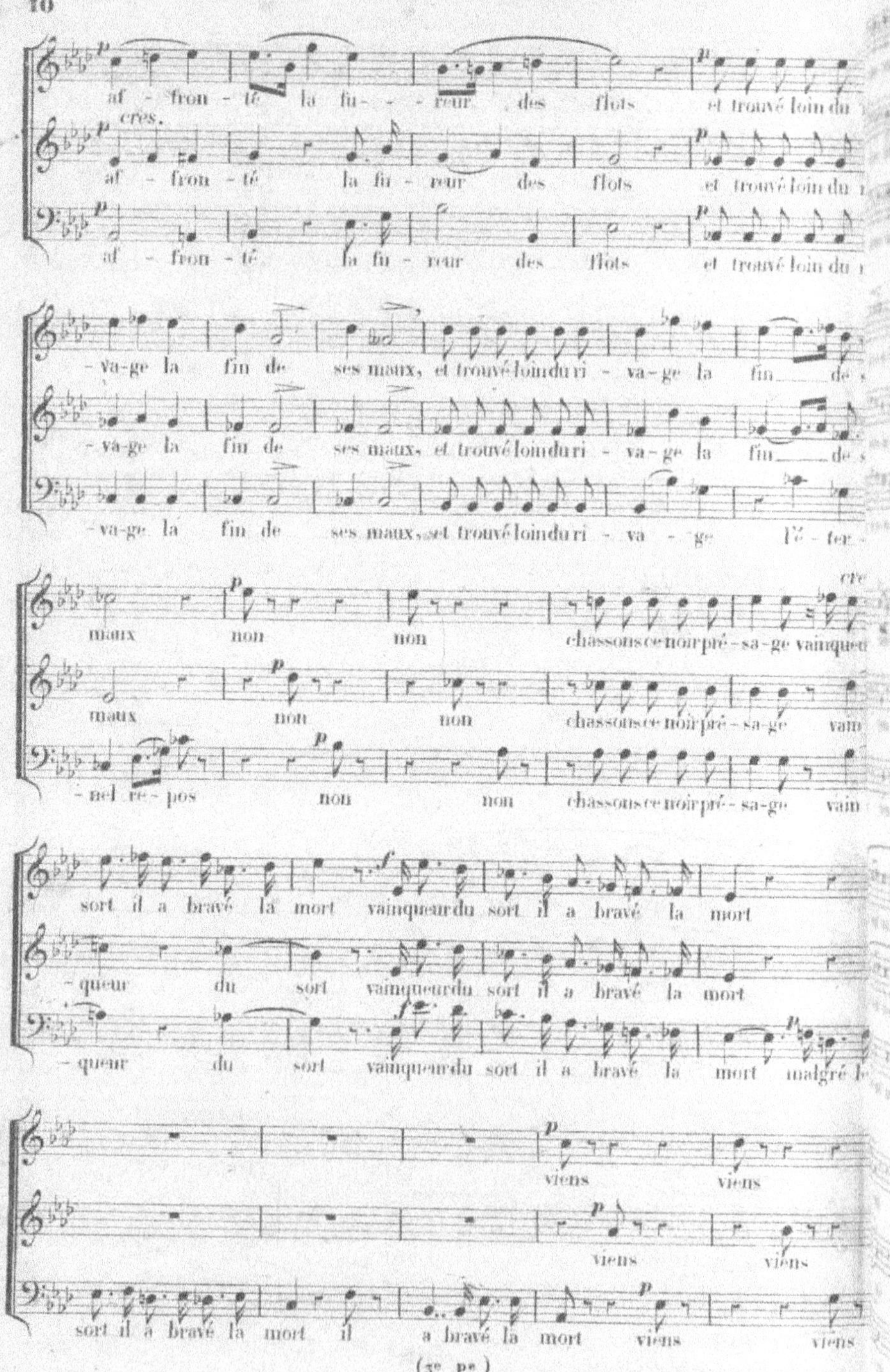
af - fron - té la fu - - - reur des flots et trouvé loin du
crés.
af - fron - té la fu - reur des flots et trouvé loin du
af - fron - té la fu - reur des flots et trouvé loin du
-va-ge la fin de ses maux, et trouvé loin du ri - va-ge la fin de
-va-ge la fin de ses maux, et trouvé loin du ri - va-ge la fin de
-va-ge la fin de ses maux, et trouvé loin du ri - va - ge l'é - ter -
maux non non chassons ce noir pré - sa-ge vainqueu
maux non non chassons ce noir pré - sa-ge vain
-nel re - pos non non chassons ce noir pré - sa-ge vain
sort il a bravé la mort vainqueur du sort il a bravé la mort
-queur du sort vainqueur du sort il a bravé la mort
-queur du sort vainqueur du sort il a bravé la mort malgré le
viens viens
viens viens
sort il a bravé la mort il a bravé la mort viens viens

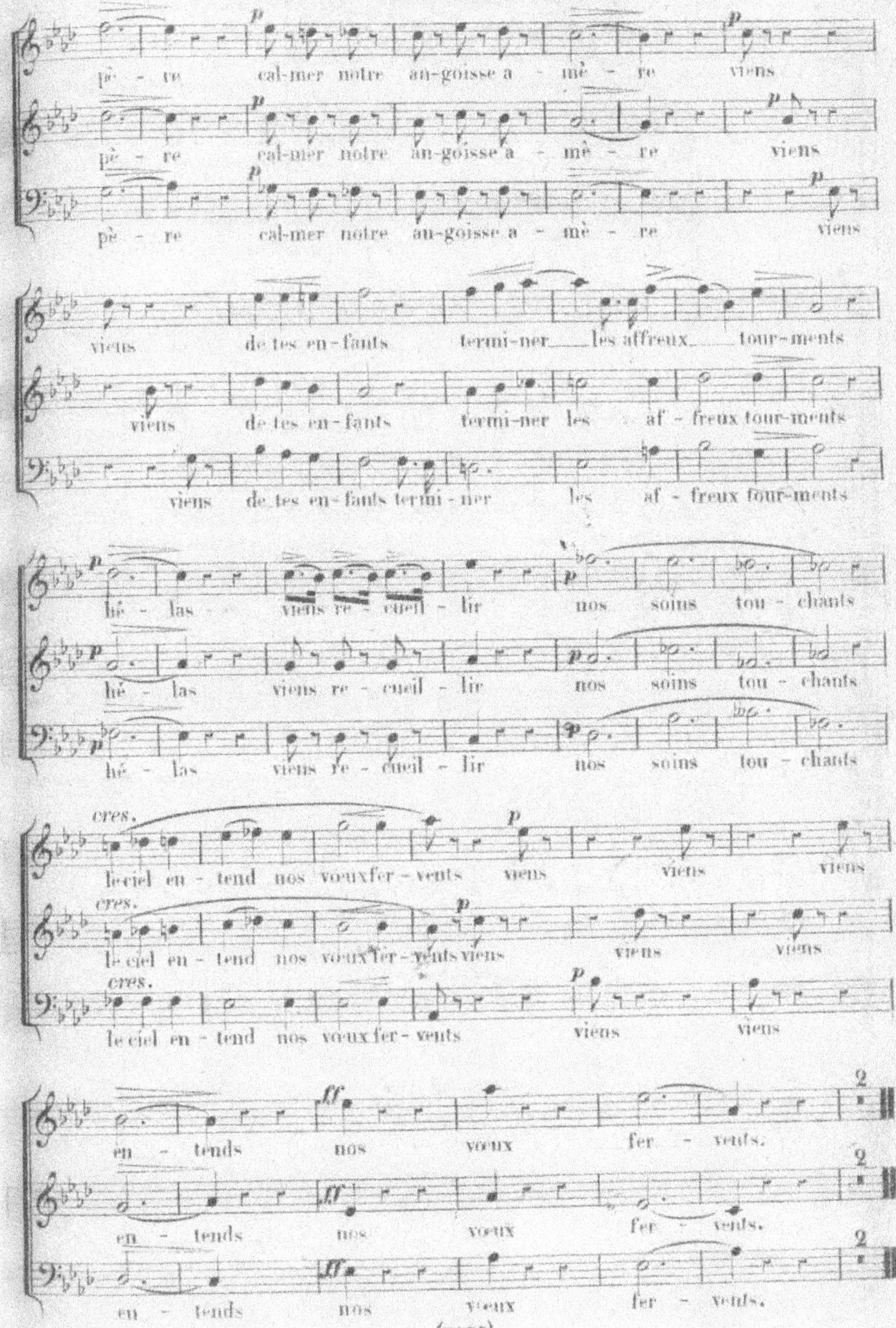
pè - re cal-mer notre an-goisse a - mè - re viens
pè - re cal-mer notre an-goisse a - mè - re viens
pè - re cal-mer notre an-goisse a - mè - re viens
viens de tes en-fants termi-ner les affreux tour-ments
viens de tes en-fants termi-ner les af - freux tour-ments
viens de tes en-fants termi - ner les af - freux tour-ments
hé - las viens re - cueil - lir nos soins tou - chants
hé - las viens re - cueil - lir nos soins tou - chants
hé - las viens re - cueil - lir nos soins tou - chants
cres.
le ciel en - tend nos vœux fer - vents viens viens viens
cres.
le ciel en - tend nos vœux fer - vents viens viens viens
cres.
le ciel en - tend nos vœux fer - vents viens viens
en - tends nos vœux fer - vents.
en - tends nos vœux fer - vents.
en - tends nos vœux fer - vents.

A TOI MON SEUL BONHEUR.

CANTIQUE A TROIS VOIX.

Pour deux Sopranos et Contralto.

Nº. 124.

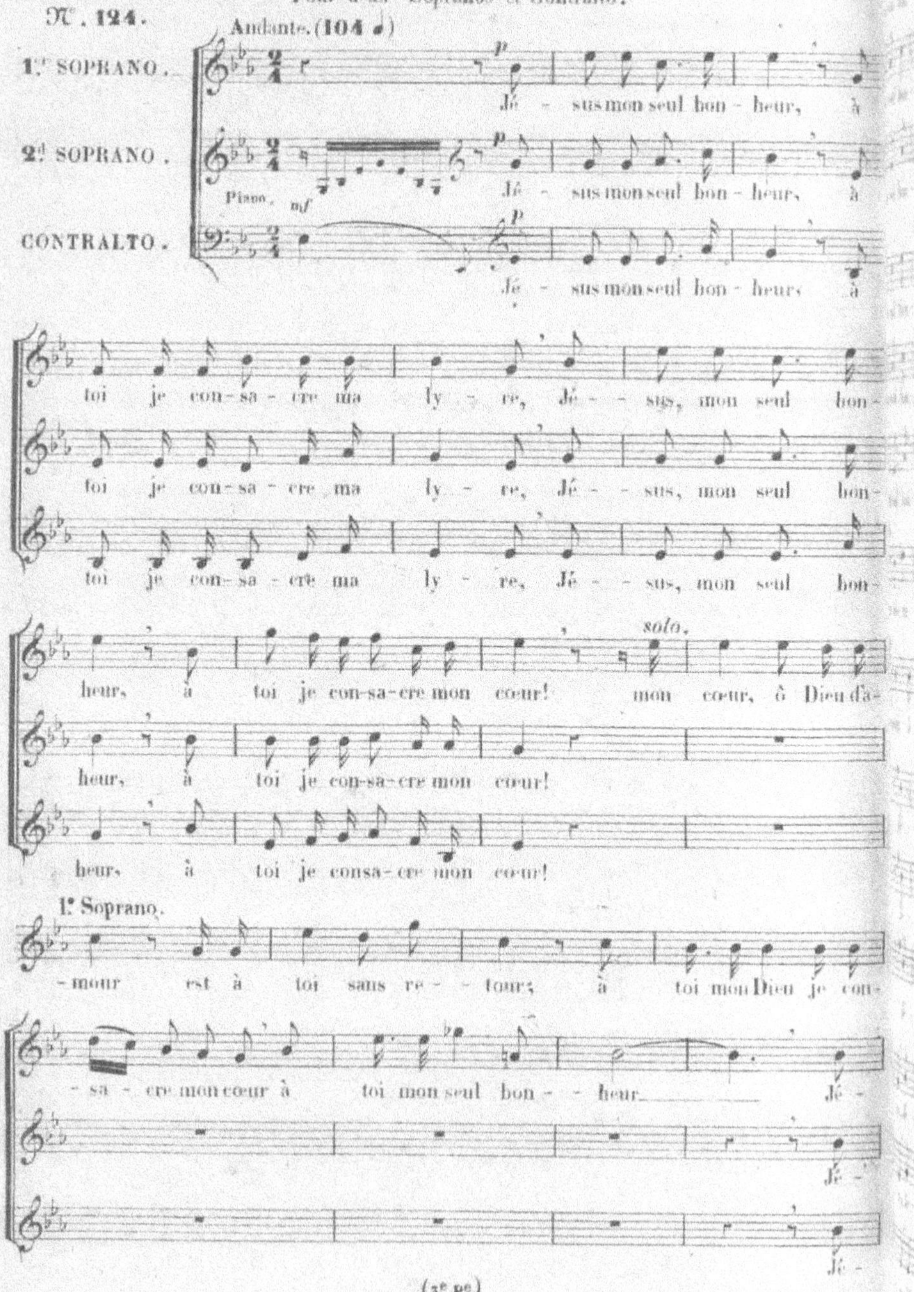

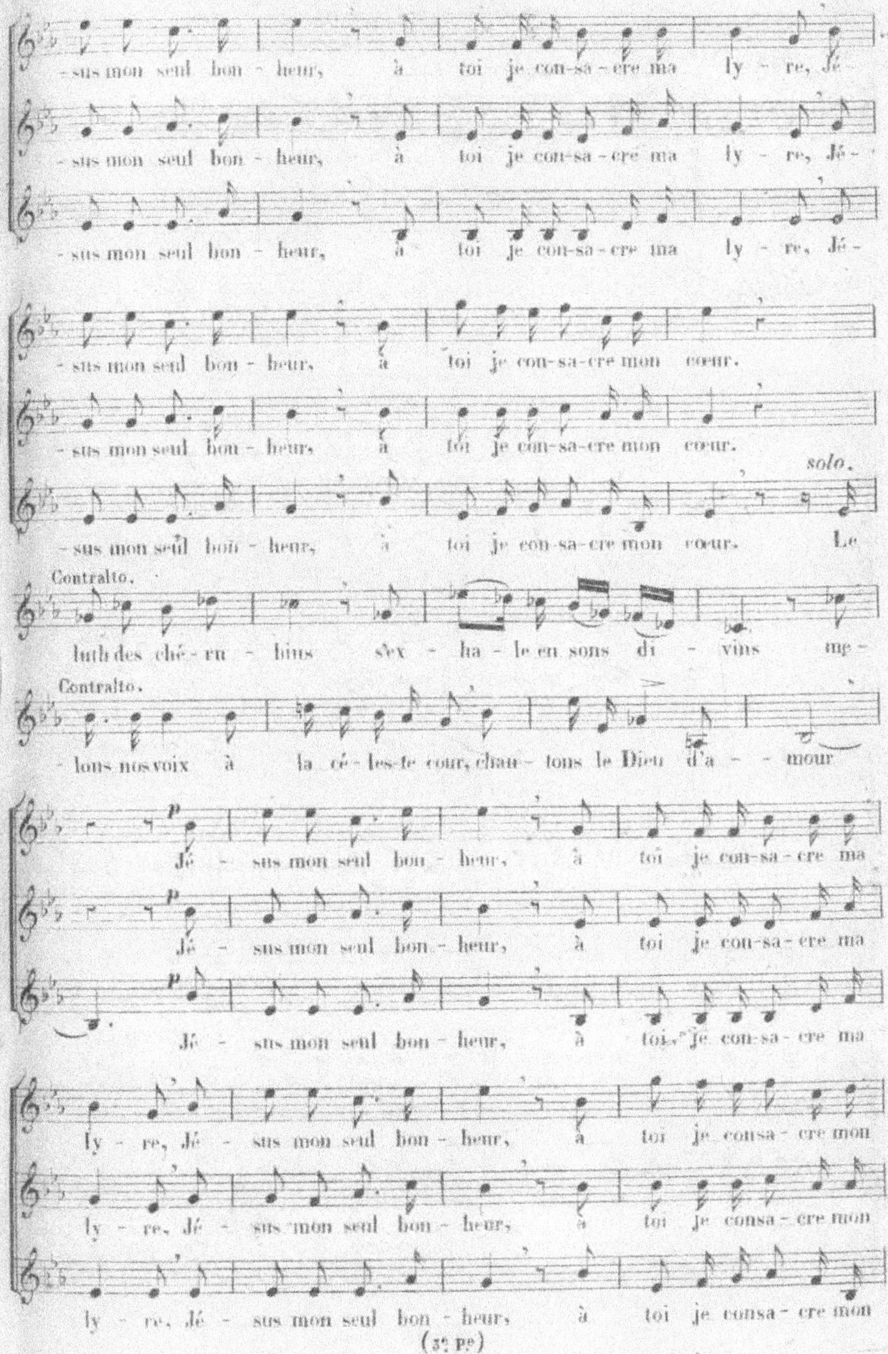
-sus mon seul bon - heur, à toi je con-sa-cre ma ly - re, Jé-
-sus mon seul bon - heur, à toi je con-sa-cre ma ly - re, Jé-
-sus mon seul bon - heur, à toi je con-sa-cre ma ly - re, Jé-
-sus mon seul bon - heur, à toi je con-sa-cre mon cœur.
-sus mon seul bon - heur, à toi je con-sa-cre mon cœur.
solo.
-sus mon seul bon - heur, à toi je con-sa-cre mon cœur. Le
Contralto.
luth des ché - ru - bins s'ex - ha - le en sons di - vins me-
Contralto.
-lons nos voix à la cé - les-te cour, chan - tons le Dieu d'a - - mour
Jé - sus mon seul bon - heur, à toi je con-sa-cre ma
Jé - sus mon seul bon - heur, à toi je con-sa-cre ma
Jé - sus mon seul bon - heur, à toi je con-sa-cre ma
ly - re, Jé - sus mon seul bon - heur, à toi je consa - cre mon
ly - re, Jé - sus mon seul bon - heur, à toi je consa - cre mon
ly - re, Jé - sus mon seul bon - heur, à toi je consa - cre mon

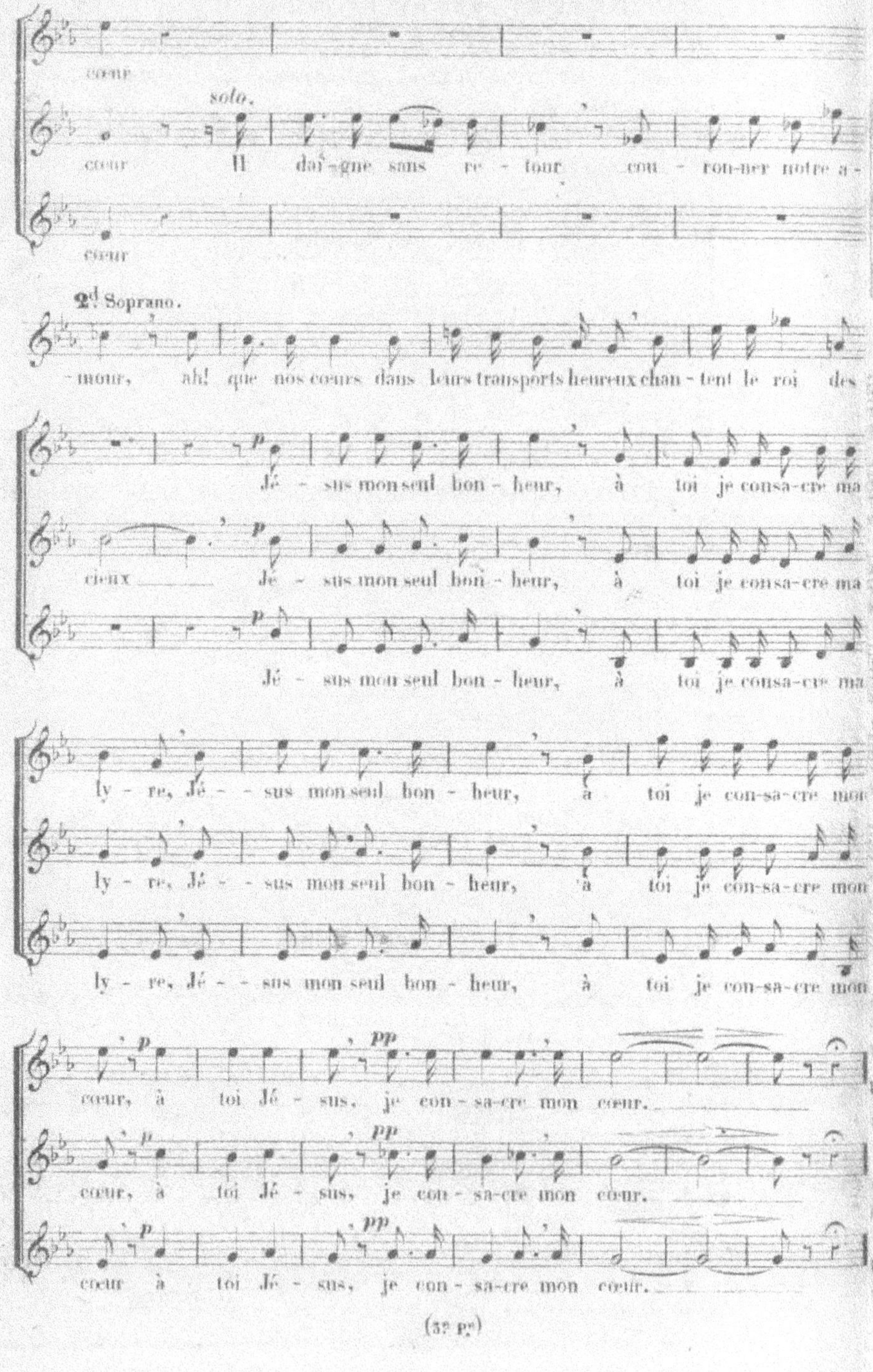

cœur

solo.

cœur Il dai-gne sans re-tour cou-ron-ner notre a-

cœur

2d Soprano.

-mour, ah! que nos cœurs dans leurs transports heureux chan-tent le roi des

Jé-sus mon seul bon-heur, à toi je consa-cre ma

cieux Jé-sus mon seul bon-heur, à toi je consa-cre ma

Jé-sus mon seul bon-heur, à toi je consa-cre ma

ly-re, Jé-sus mon seul bon-heur, à toi je con-sa-cre mon

ly-re, Jé-sus mon seul bon-heur, à toi je con-sa-cre mon

ly-re, Jé-sus mon seul bon-heur, à toi je con-sa-cre mon

p *pp*

cœur, à toi Jé-sus, je con-sa-cre mon cœur.

cœur, à toi Jé-sus, je con-sa-cre mon cœur.

cœur à toi Jé-sus, je con-sa-cre mon cœur.

MARCHE VALSE ET POLKA.

TRIO.

Pour deux Sopranos et Basses.

N°. 125.

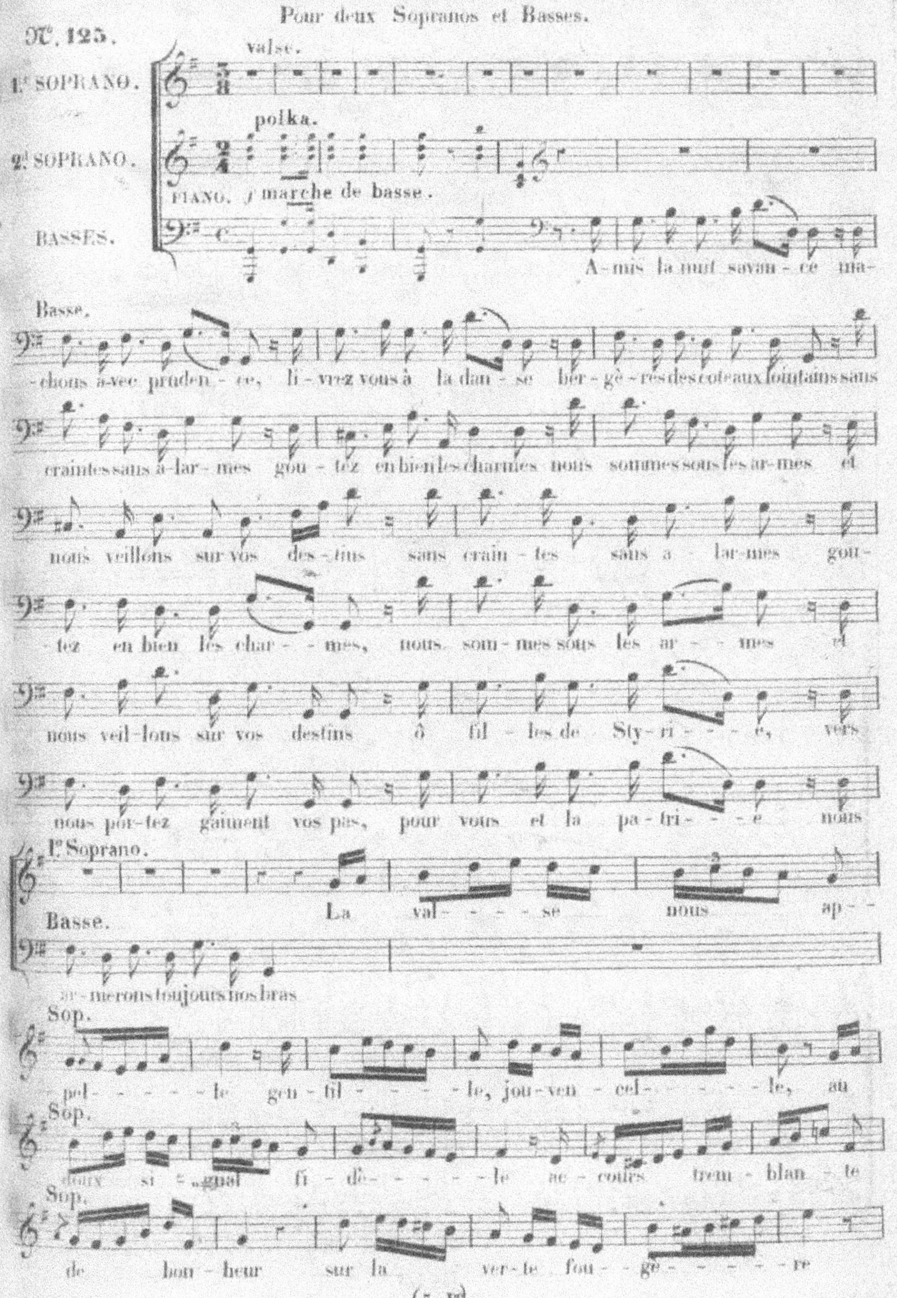

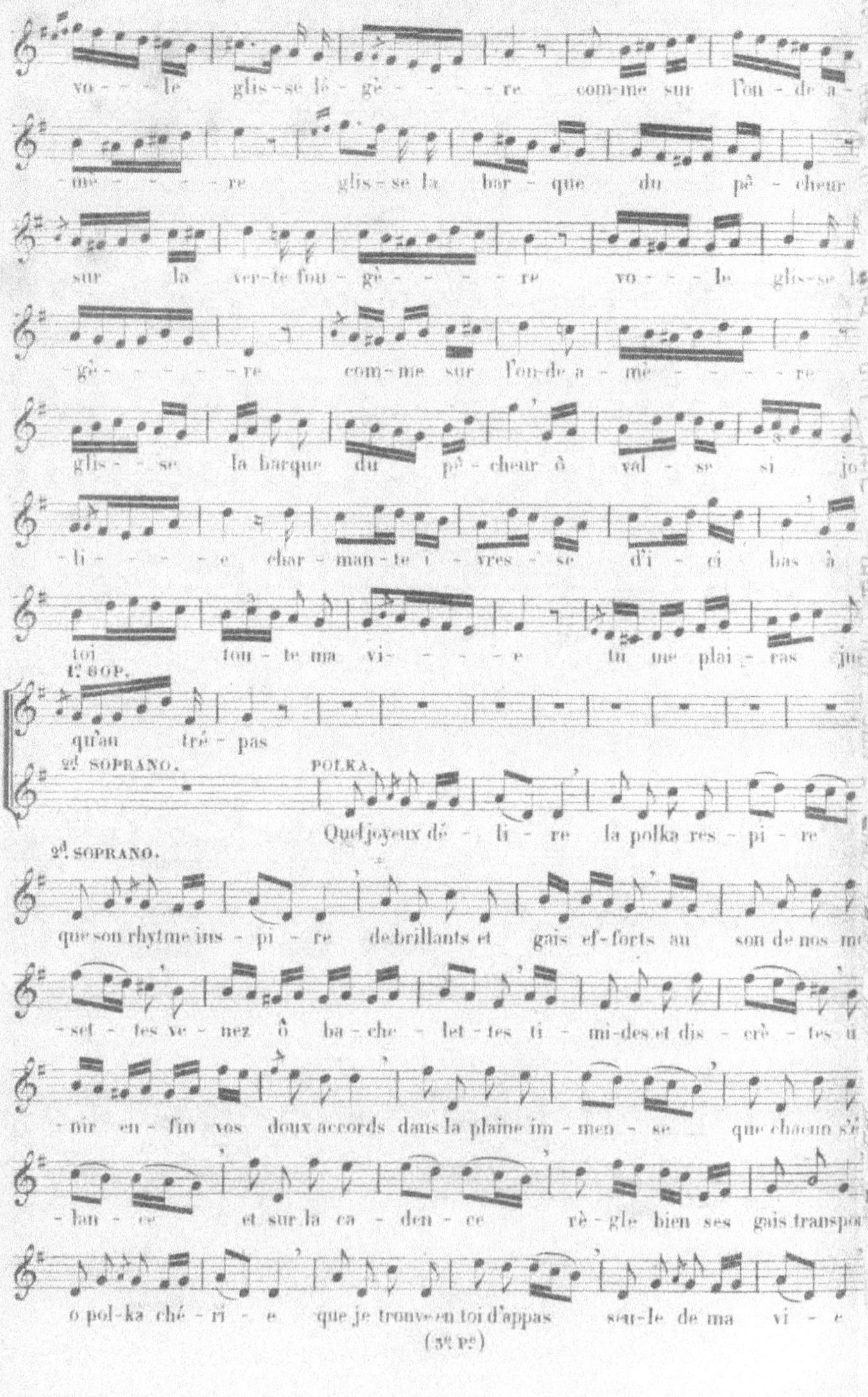

vo - - - le glis-se lé - gè - - - - re com-me sur l'on - de a -

-mè - - - - re glis-se la bar - que du pê - cheur

sur la ver-te fou - gè - - - - re vo - - - le glis-se lé

-gè - - - - - re com-me sur l'on-de a - mè - - - - re

glis - - se la barque du pê - cheur ô val - se si jo

-li - - - - e char - man - te i - vres - se d'i - ci bas à

toi tou - te ma vi - - - - e tu me plai - ras jus

1r. SOP.

qu'au tré - pas

2d. SOPRANO.

POLKA.

Quel joyeux dé - li - re la polka res - pi - re

2d. SOPRANO.

que son rhytme ins - pi - re de brillants et gais ef - forts au son de nos mu

-set - tes ve - nez ô ba - che - let - tes ti - mi-des et dis - crè - tes u

-nir en - fin vos doux accords dans la plaine im - men - se que chacun s'é

-lan - ce et sur la ca - den - ce rè - gle bien ses gais transports

o pol-ka ché - ri - e que je trouve en toi d'appas seu-le de ma vi - e

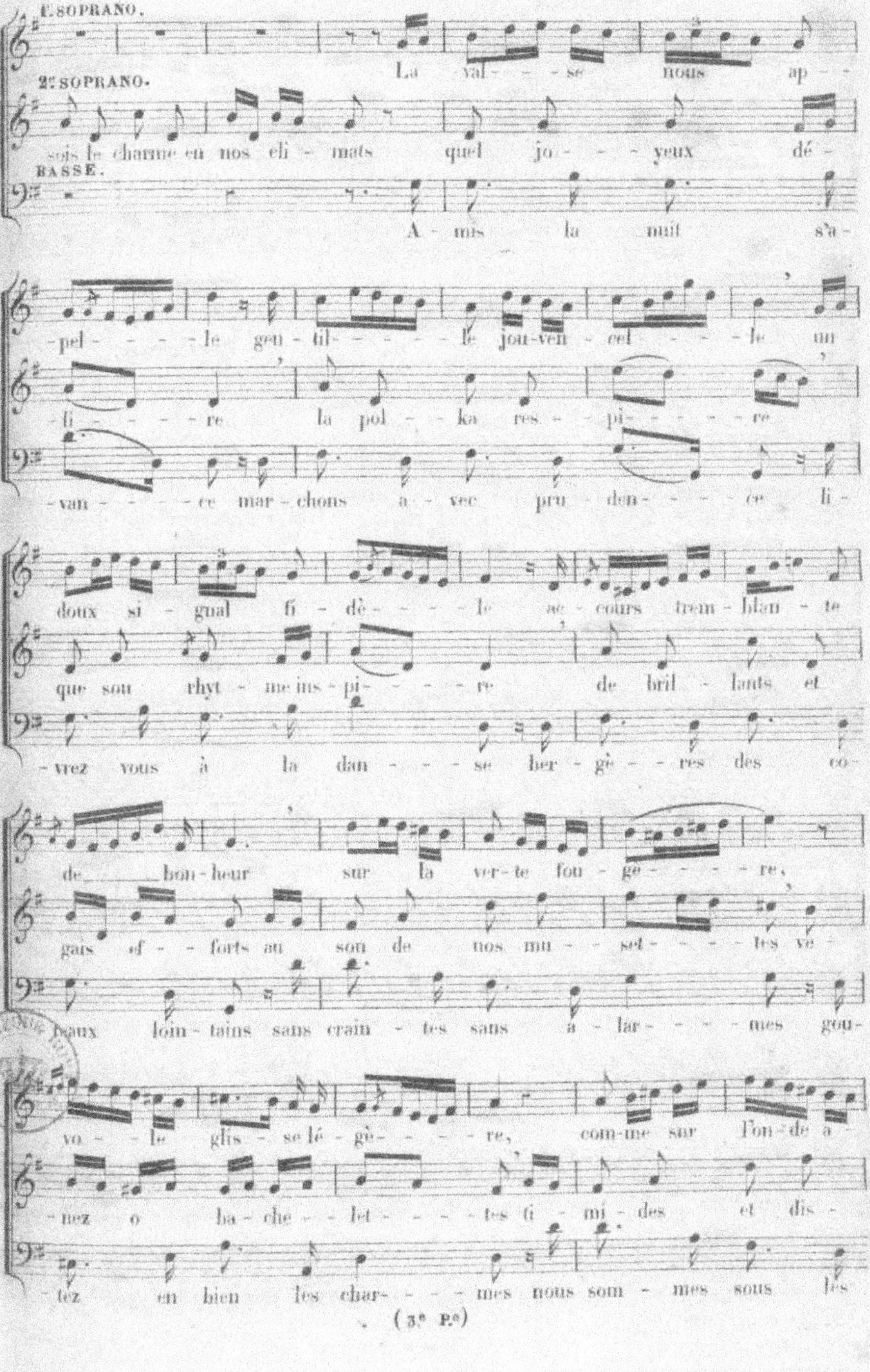

1er SOPRANO.
La val - - se nous ap -

2e SOPRANO.
sois le charme en nos cli - mats quel jo - - yeux dé -

BASSE.
A - mis la nuit s'a -

-pel - - - - le gen - til - - - - le jou-ven - cel - - - - le un

-li - - - - re la pol - - ka res - - pi - - - - re

-van - - - - ce mar - chons a - vec pru - den - - - - ce li -

doux si - gnal fi - dè - - - - le ac - cours trem - blan - te

que son rhyt - me ins - pi - - - - re de bril - lants et

-vrez vous à la dan - - - - se ber - gè - - res des co -

de bon - heur sur la ver - te fou - gè - - - - re,

gais ef - - forts au son de nos mu - - set - - - - tes ve -

-teaux loin - tains sans crain - tes sans a - lar - - - - mes gou -

vo - le glis - se lé - gè - - - - re, com - me sur l'on - de a -

-nez ô ba - che - - let - - - - tes ti - mi - des et dis -

-tez en bien les char - - - - mes nous som - mes sous les

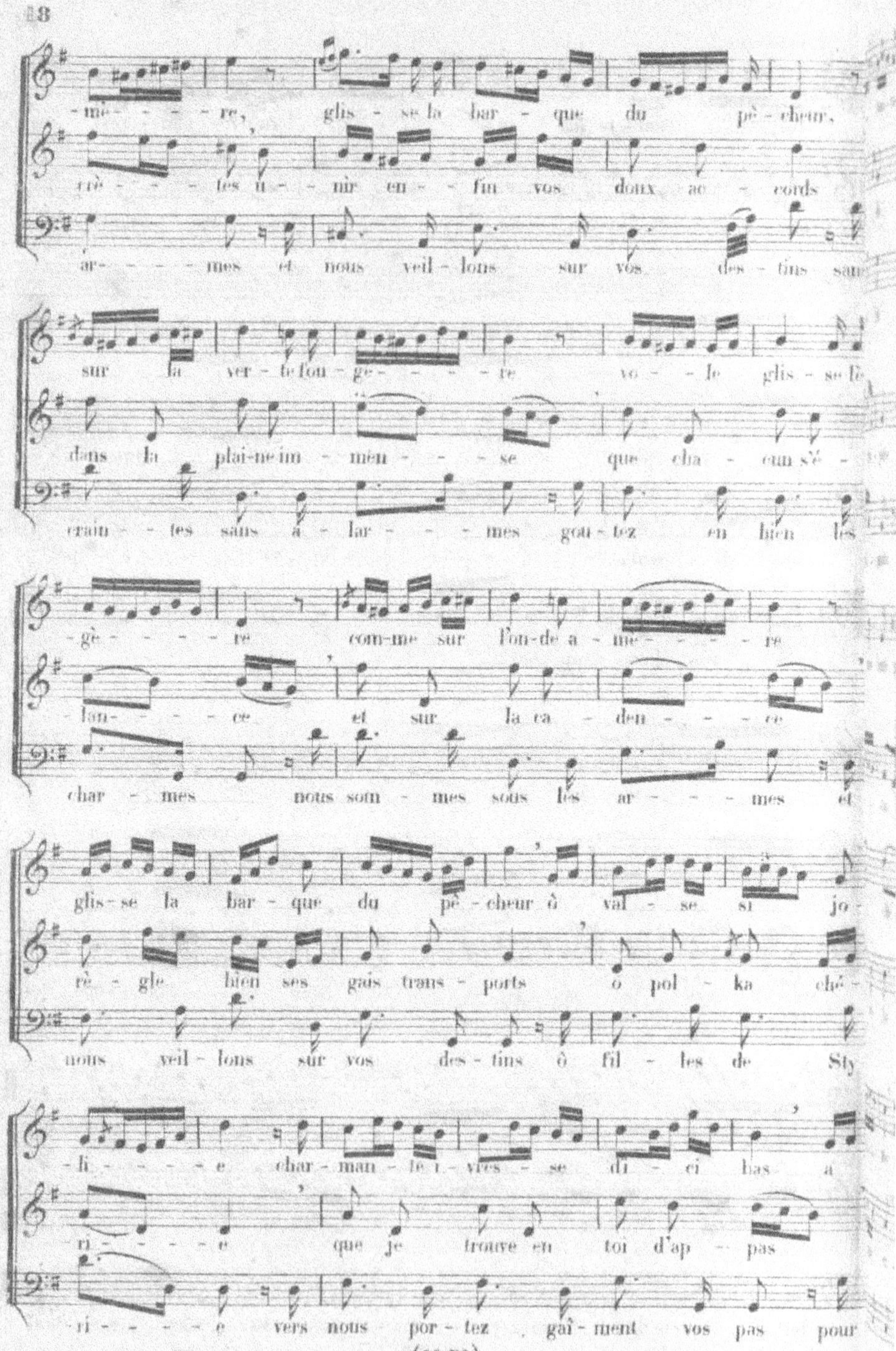
-mè - - - - re, glis - se la bar - que du pê - cheur,
- rê - - - tes u - - nir en - - fin vos doux ac - - cords
ar - - - - - mes et nous veil - lons sur vos des - tins san
sur la ver - te fou - gè - - - - - re vo - - le glis - se lé
dans la plai-ne im - men - - - - se que cha - cun s'é -
crain - - tes sans a - lar - - - - mes gou - tez en bien les
- gè - - - - - re com-me sur l'on-de a - mè - - - - re
- lan - - - - - ce et sur la ca - den - - - - ce
char - mes nous som - mes sous les ar - - - - mes et
glis - se la bar - que du pê - cheur ô val - se si jo -
rè - gle bien ses gais trans - ports ô pol - ka ché -
nous veil - lons sur vos des - tins ô fil - les de Sty
- li - - - - e char - man - te i - vres - se di - ci bas a
ri - - - - e que je trouve en toi d'ap - pas
- ri - - - - e vers nous por - tez gaî - ment vos pas pour

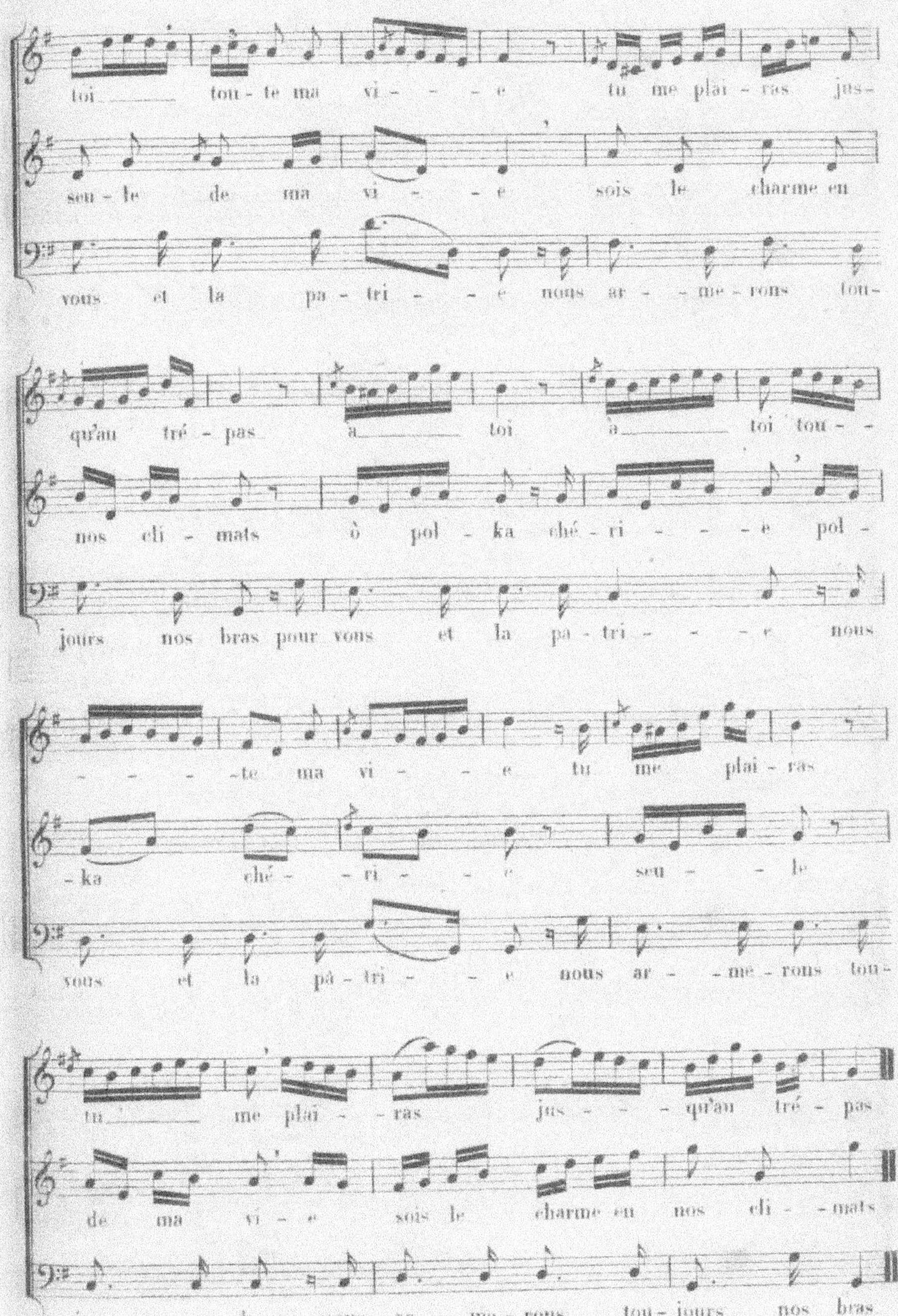

toi ___ tou-te ma vi - - - e tu me plai-ras jus-
seu-le de ma vi - - e sois le charme en
vous et la pa-tri - - e nous ar - - me-rons tou-
qu'au tré-pas à ___ toi à ___ toi tou- -
nos cli - mats ô pol - ka ché-ri - - - - e pol-
jours nos bras pour vous et la pa-tri - - - - e nous
- - - -te ma vi - - e tu me plai-ras
-ka ché - -ri - - e seu - - le
vous et la pâ-tri - - e nous ar - - mè-rons tou-
tu ___ me plai - -ras jus - - - qu'au tré - pas
de ma vi - e sois le charme en nos cli - -mats
-jours nos bras nous ar - me-rons tou-jours nos bras

BENEDICTUS.

Pour 3 Sopranos.

N.° 126.

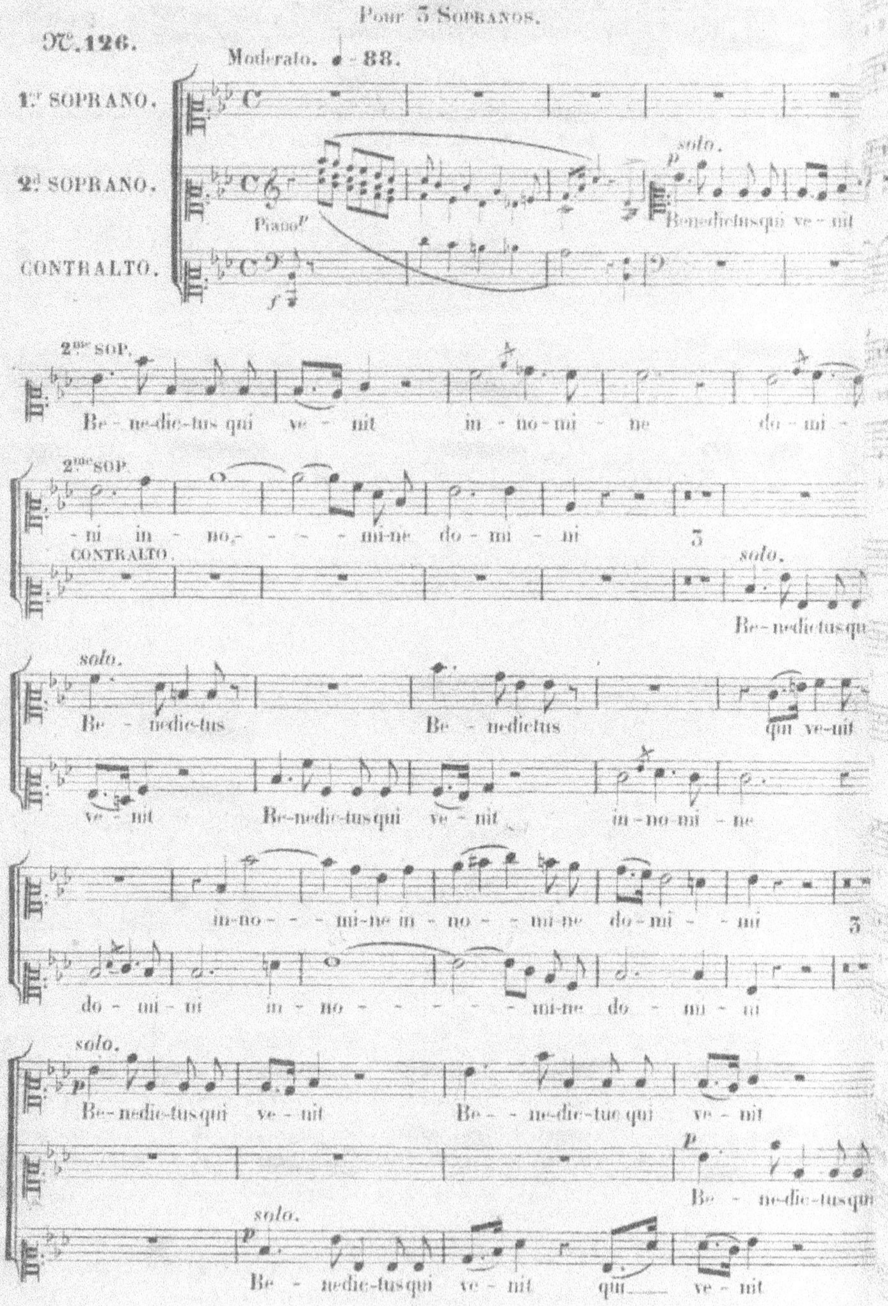

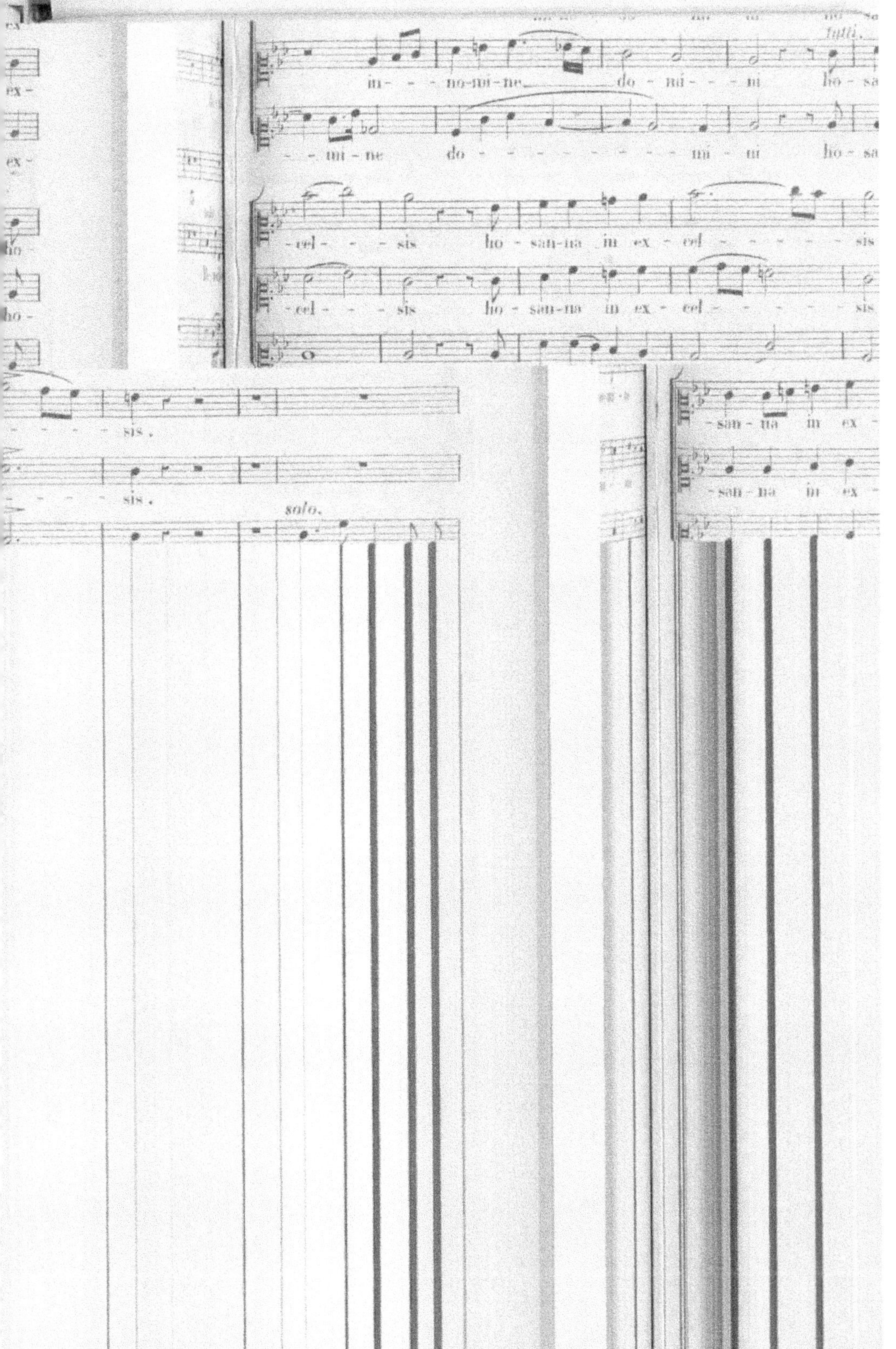
tutti.
in - - - no-mi-ne do - mi - - - ni ho - sa
- - mi - ne do - - - - - - - - - mi - ni ho - sa
-cel- - - - sis ho - san-na in ex - cel - - - - - - sis
-cel - - - - sis ho - san-na in ex - cel - - - - - - sis
- - - - - sis.
- - - - sis.
solo.
-san - na in ex -
-san - na in ex -

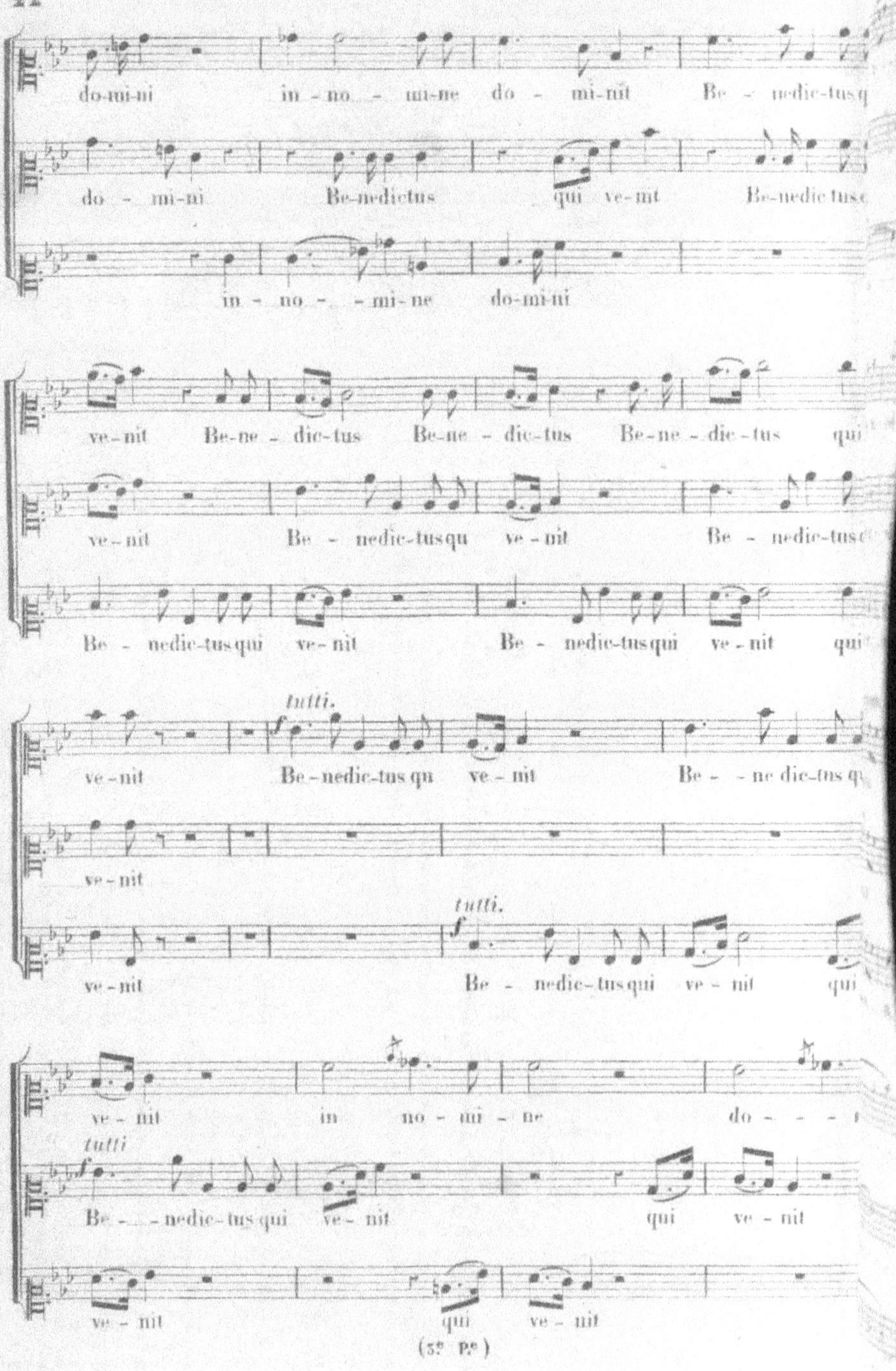
do-mi-ni in-no-mi-ne do-mi-nit Be-nedic-tus q
do-mi-ni Be-nedictus qui ve-nit Be-nedic tus
in-no-mi-ne do-mi-ni
ve-nit Be-ne-dic-tus Be-ne-dic-tus Be-ne-dic-tus qui
ve-nit Be-nedic-tus qu ve-nit Be-nedic-tus
Be-nedic-tus qui ve-nit Be-nedic-tus qui ve-nit qui
tutti.
ve-nit Be-nedic-tus qu ve-nit Be-ne dic-tus q
ve-nit
tutti.
ve-nit Be-nedic-tus qui ve-nit qui
ve-nit in no-mi-ne do-
tutti
Be-nedic-tus qui ve-nit qui ve-nit
ve-nit qui ve-nit

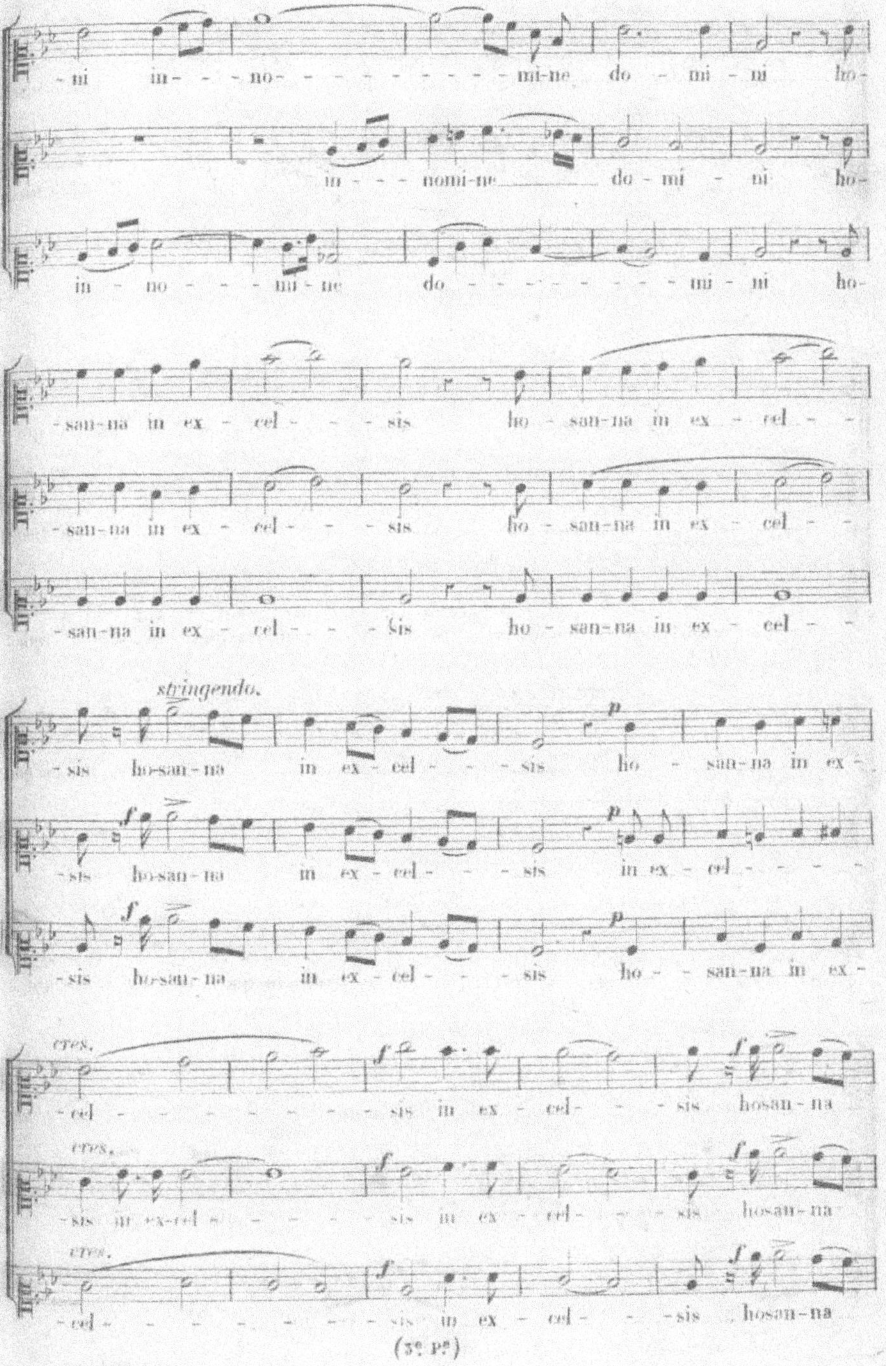

-ni in - - - no- - - - - - - - - - - - - mi-ne do - mi - ni ho-

in - - - nomi-ne do - mi - ni ho-

in - no - - - mi - ne do - - - - - - - - - - - mi - ni ho-

-san-na in ex - cel - - - sis ho - san-na in ex - cel - -

-san-na in ex - cel - - - sis ho - san-na in ex - cel - -

-san-na in ex - cel - - - sis ho - san-na in ex - cel - -

stringendo.

-sis ho-san-na in ex - cel - - - sis ho - san-na in ex -

-sis ho-san-na in ex - cel - - - sis in ex - cel - - - -

-sis ho-san-na in ex - cel - - - sis ho - - san-na in ex -

cres.

-cel - - - - - - - - - sis in ex - cel - - - sis hosan-na

cres.

-sis in ex-cel - - - - - - sis in ex - cel - - - sis hosan-na

cres.

-cel - - - - - - - - - sis in ex - cel - - - sis hosan-na

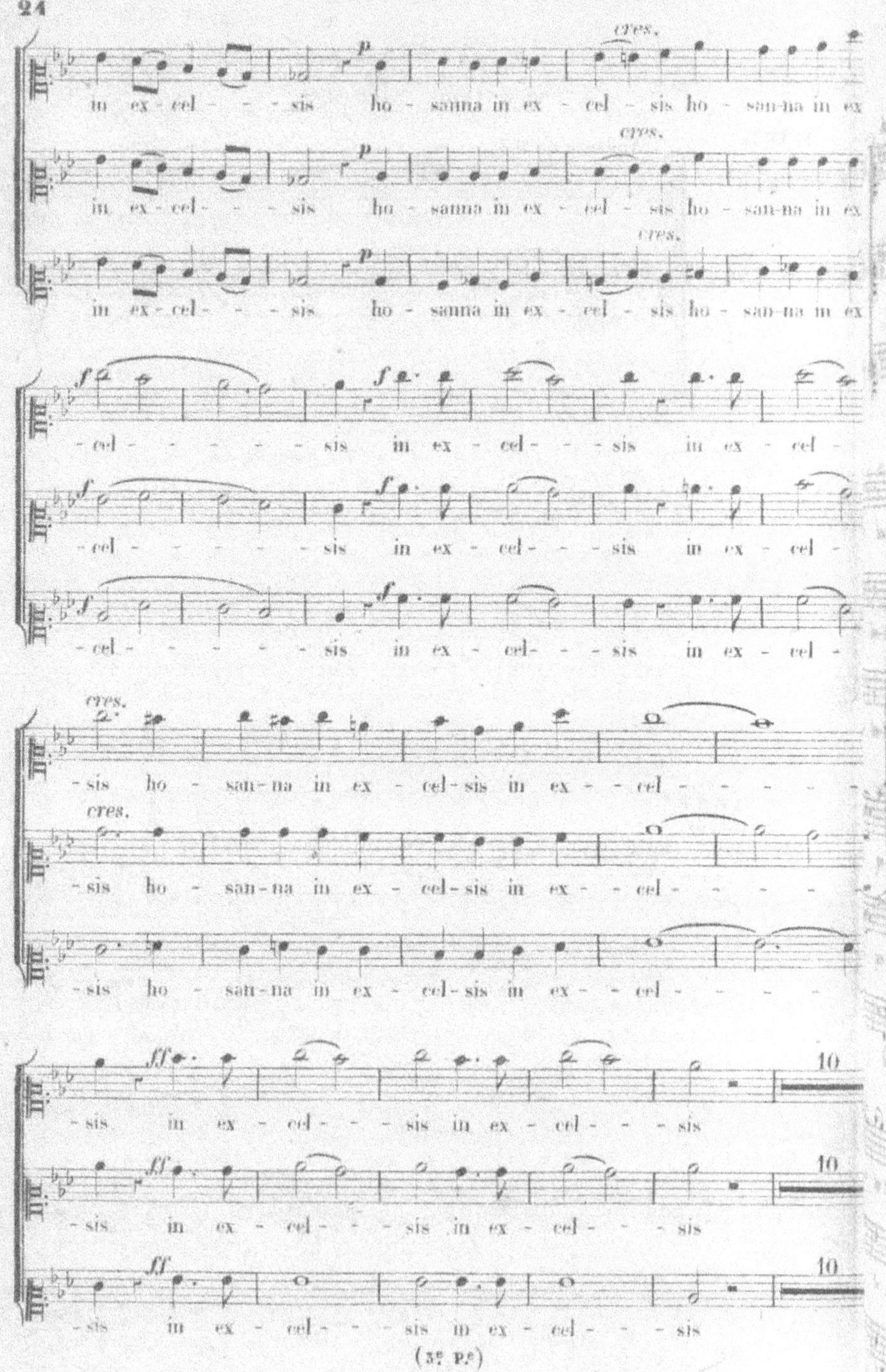
cres.
p
in ex - cel - - - sis ho - sanna in ex - cel - sis ho - san-na in ex
in ex - cel - - - sis ho - sanna in ex - cel - sis ho - san-na in ex
in ex - cel - - - sis ho - sanna in ex - cel - sis ho - san-na in ex
f
- cel - - - - - - - sis in ex - cel - - - sis in ex - cel -
- cel - - - - - - - sis in ex - cel - - - sis in ex - cel -
- cel - - - - - - - sis in ex - cel - - - sis in ex - cel -
- sis ho - san-na in ex - cel-sis in ex - - cel - - - - - -
- sis ho - san-na in ex - cel-sis in ex - - cel - - - - -
- sis ho - san-na in ex - cel-sis in ex - - cel - - - - -
ff
10
- sis in ex - cel - - - sis in ex - cel - - - sis
- sis in ex - cel - - - sis in ex - cel - - - sis
- sis in ex - cel - - - sis in ex - cel - - - sis

O SALUTARIS.

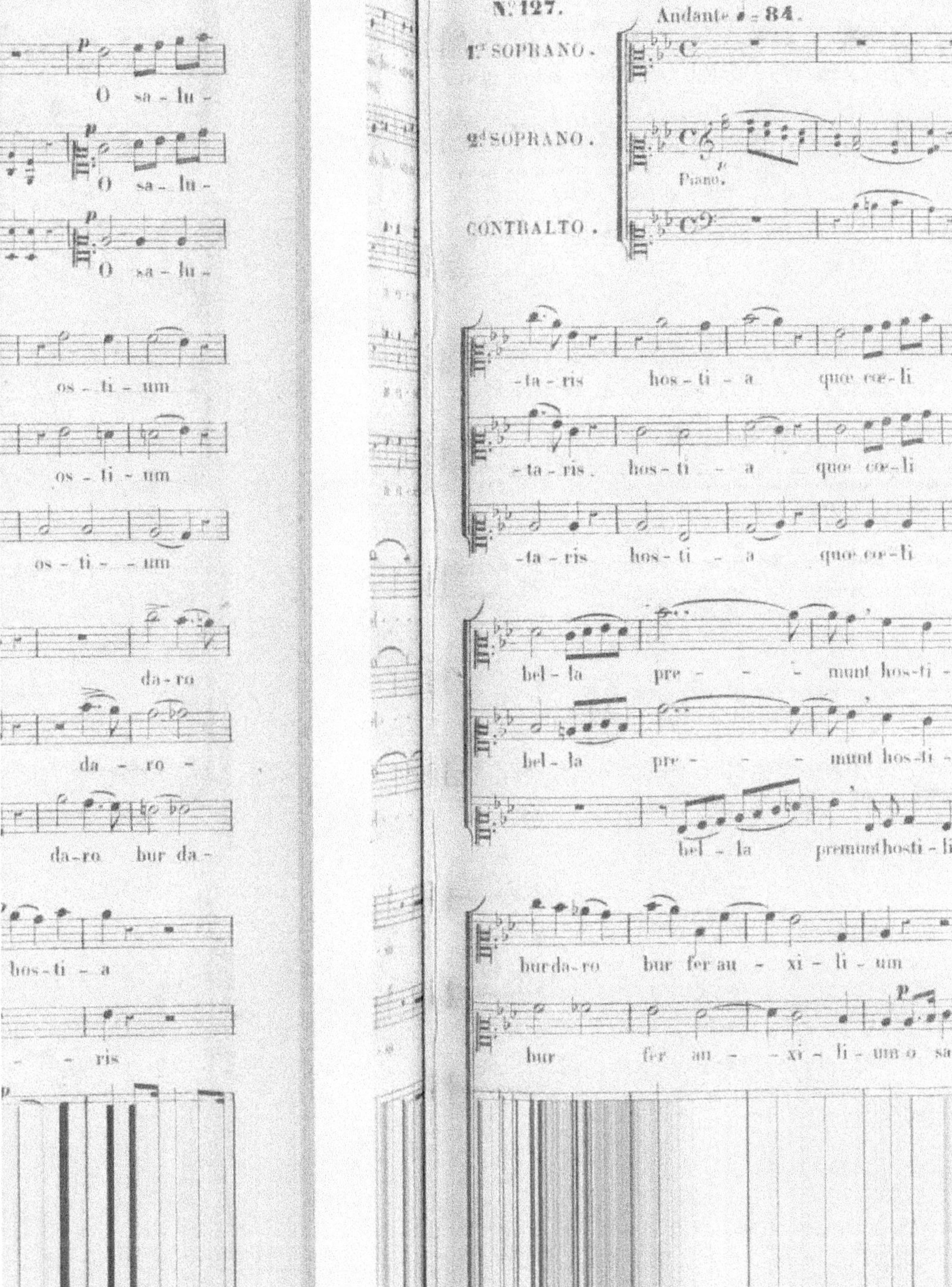
N° 127.
Andante ♩= 84.
1er SOPRANO.
2d SOPRANO.
Piano.
CONTRALTO.
-ta-ris hos-ti-a quæ cœ-li
-ta-ris. hos-ti-a quæ cœ-li
-ta-ris hos-ti-a quæ cœ-li
bel-la pre-munt hos-ti-li
bel-la pre-munt hos-ti-li
bel-la premunt hosti-li
burda-ro bur fer au-xi-li-um
bur fer au-xi-li-um o sa-lu
O sa-lu-
O sa-lu-
O sa-lu-
os-ti-um
os-ti-um
os-ti-um
da-ro
da-ro-
da-ro bur da-
hos-ti-a
ris

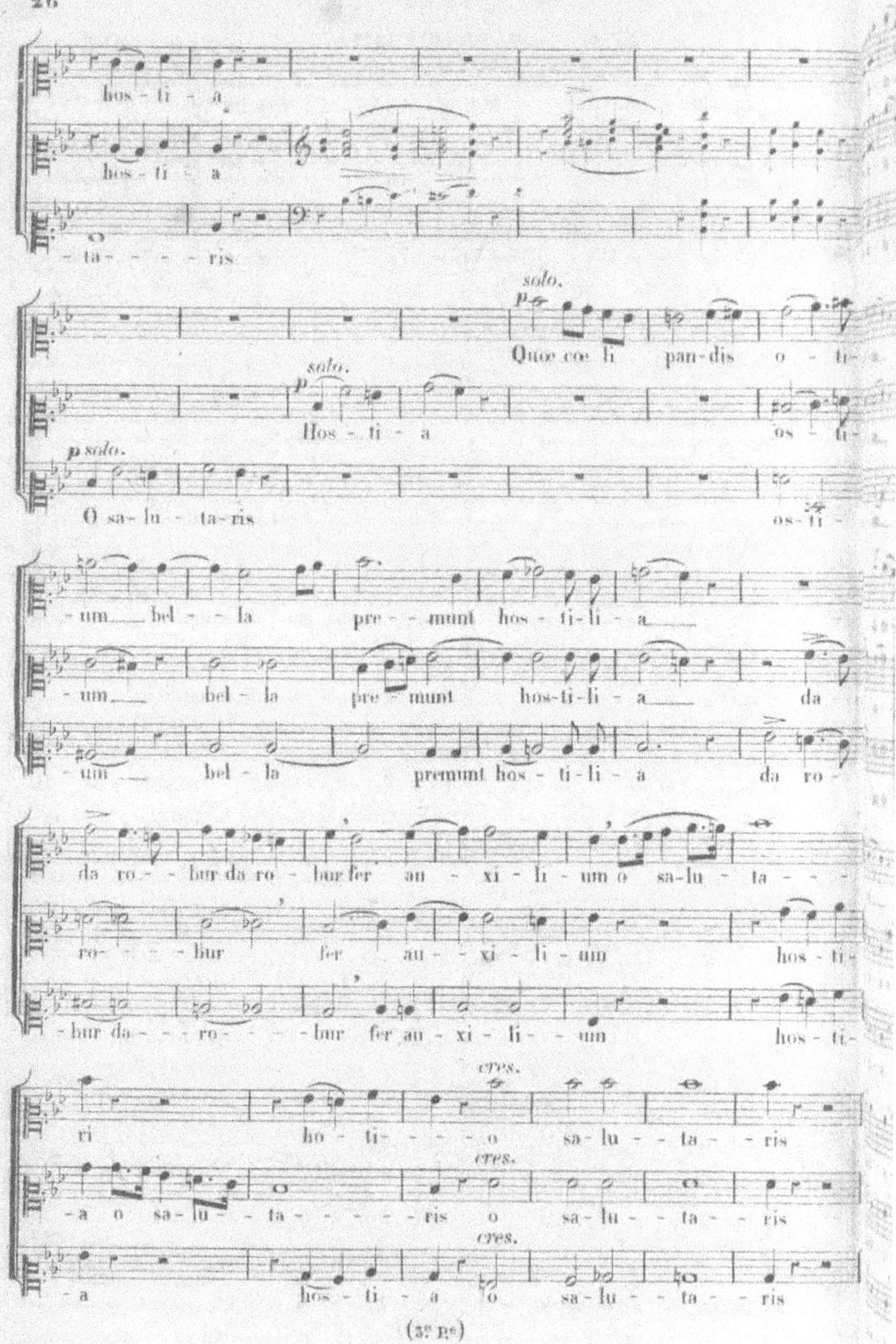
hos - ti - a
hos - ti - a
- ta - - - - ris
solo.
p
Quæ cœ li pan-dis o - ti -
solo.
p
Hos - ti - a os - ti -
p solo.
O sa- lu - ta-ris os- ti -
- um bel - - la pre - - munt hos - ti-li - a
- um bel - la pre - munt hos-ti-li - a da
- um bel - la premunt hos - ti - li - a da ro -
da ro - - bur da ro - bur fer au - xi - li - um o sa-lu - ta - - -
ro - - - bur fer au - - xi - li - um hos - ti -
- bur da - - - ro - - - - bur fer au - xi - li - um hos - ti -
cres.
ri ho - ti - - - o sa-lu - - ta - - ris
cres.
- a o sa - lu - - ta - - - - - - ris o sa - lu - - ta - - ris
cres.
- a hos - ti - a o sa - lu - - ta - - ris

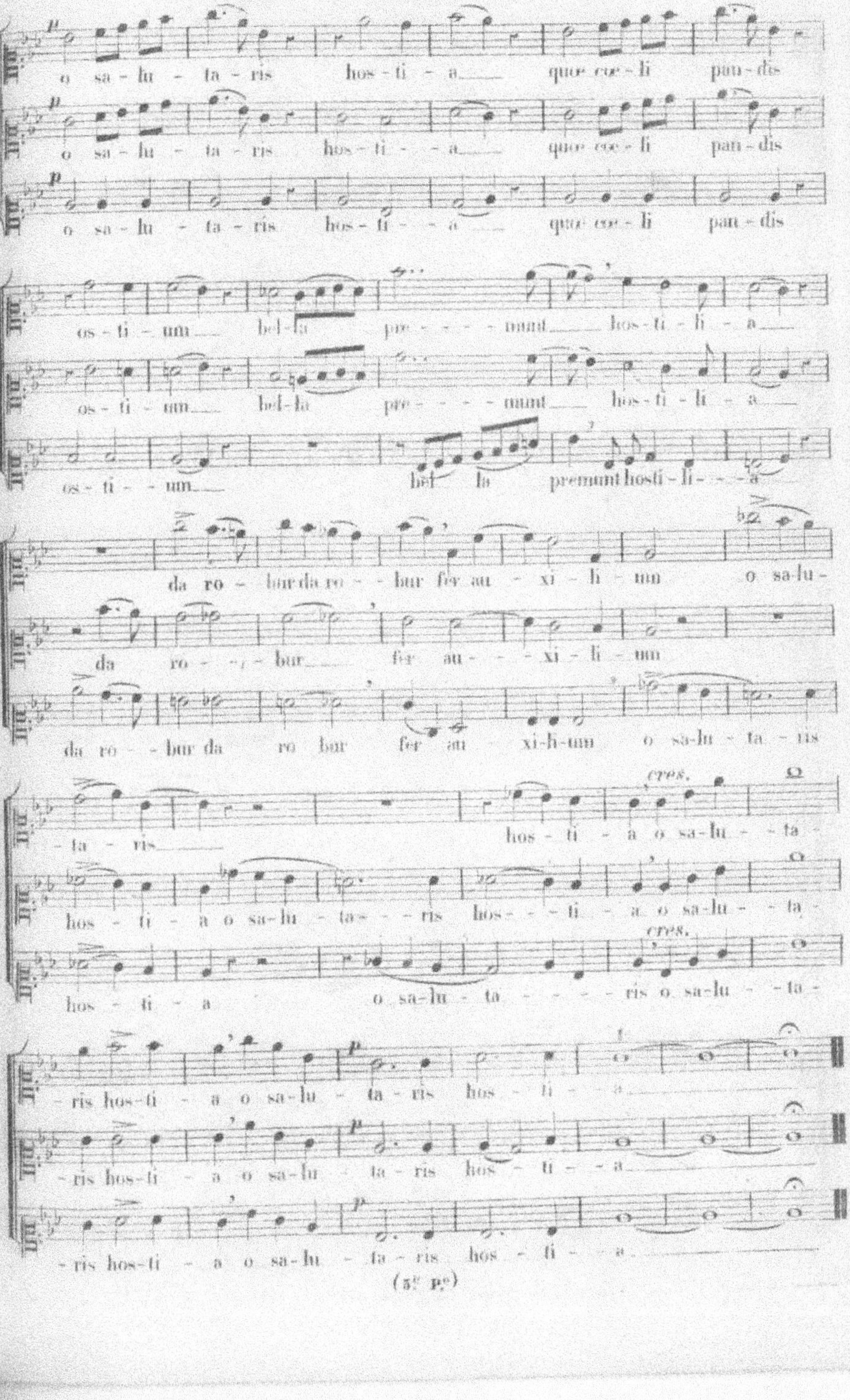

o sa - lu - ta - ris hos - ti - a quæ cœ - li pan - dis

o sa - lu - ta - ris hos - ti - a quæ cœ - li pan - dis

o sa - lu - ta - ris hos - ti - a quæ cœ - li pan - dis

os - ti - um bel - la pre - - - - munt hos - ti - li - a

os - ti - um bel - la pre - - - - munt hos - ti - li - a

os - ti - um bel - la premunt hosti - li - - - a

da ro - bur da ro - - bur fer au - xi - li - um o sa - lu -

da ro - - - bur fer au - - xi - li - um

da ro - - bur da ro bur fer au - xi - li - um o sa - lu - ta - ris

- ta - ris hos - ti - a o sa - lu - ta -

hos - ti - a o sa - lu - ta - - ris hos - - ti - a o sa - lu - ta -

hos - ti - a o sa - lu - ta - - - - ris o sa - lu - - ta -

- ris hos - ti - a o sa - lu - ta - ris hos - ti - - a

- ris hos - ti - a o sa - lu - ta - ris hos - ti - a

- ris hos - ti - a o sa - lu - ta - ris hos - ti - - a

ET INCARNATUS EST.

TRIO.

Pour deux Sopranos et Tenors.

N.° 128.

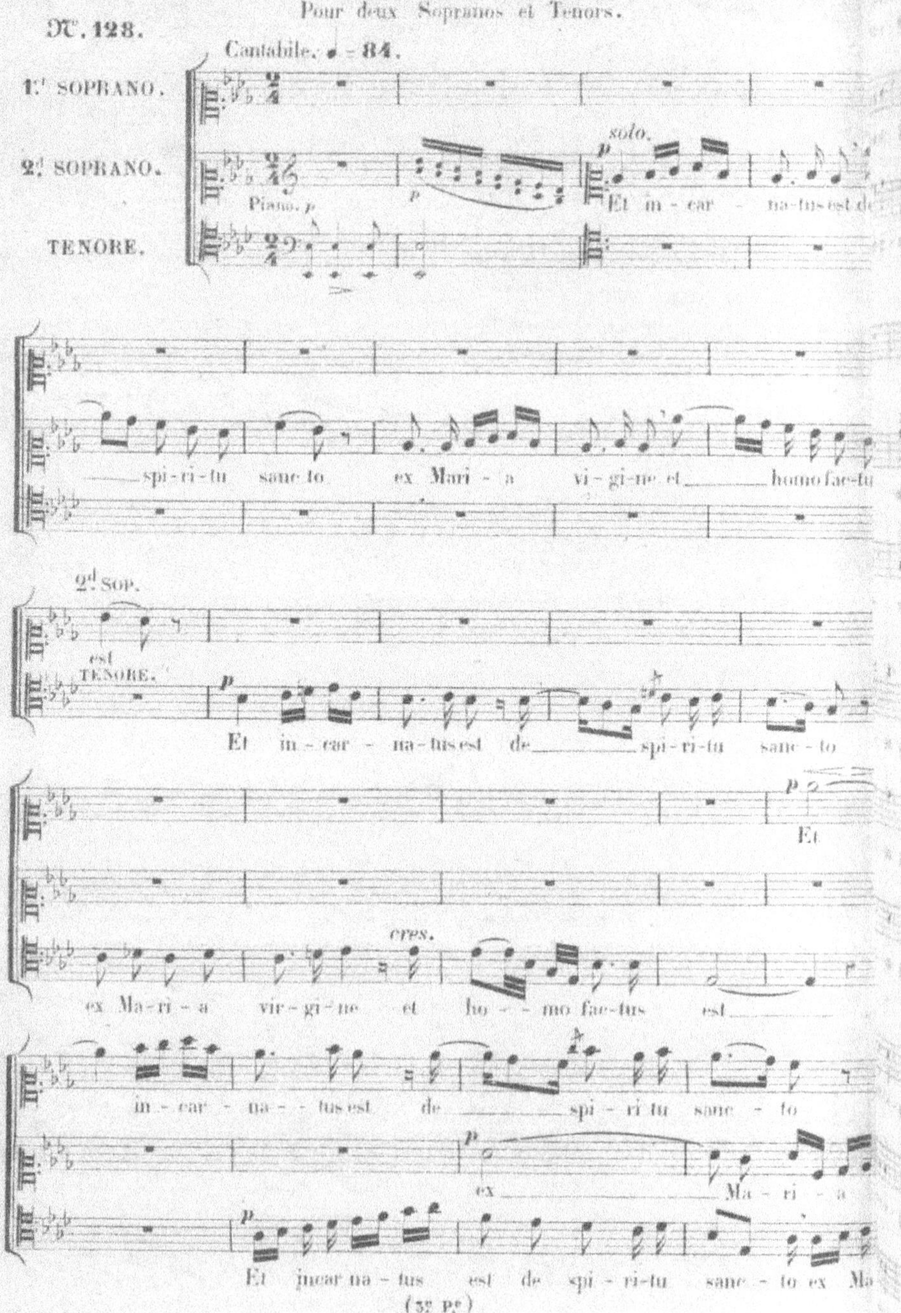

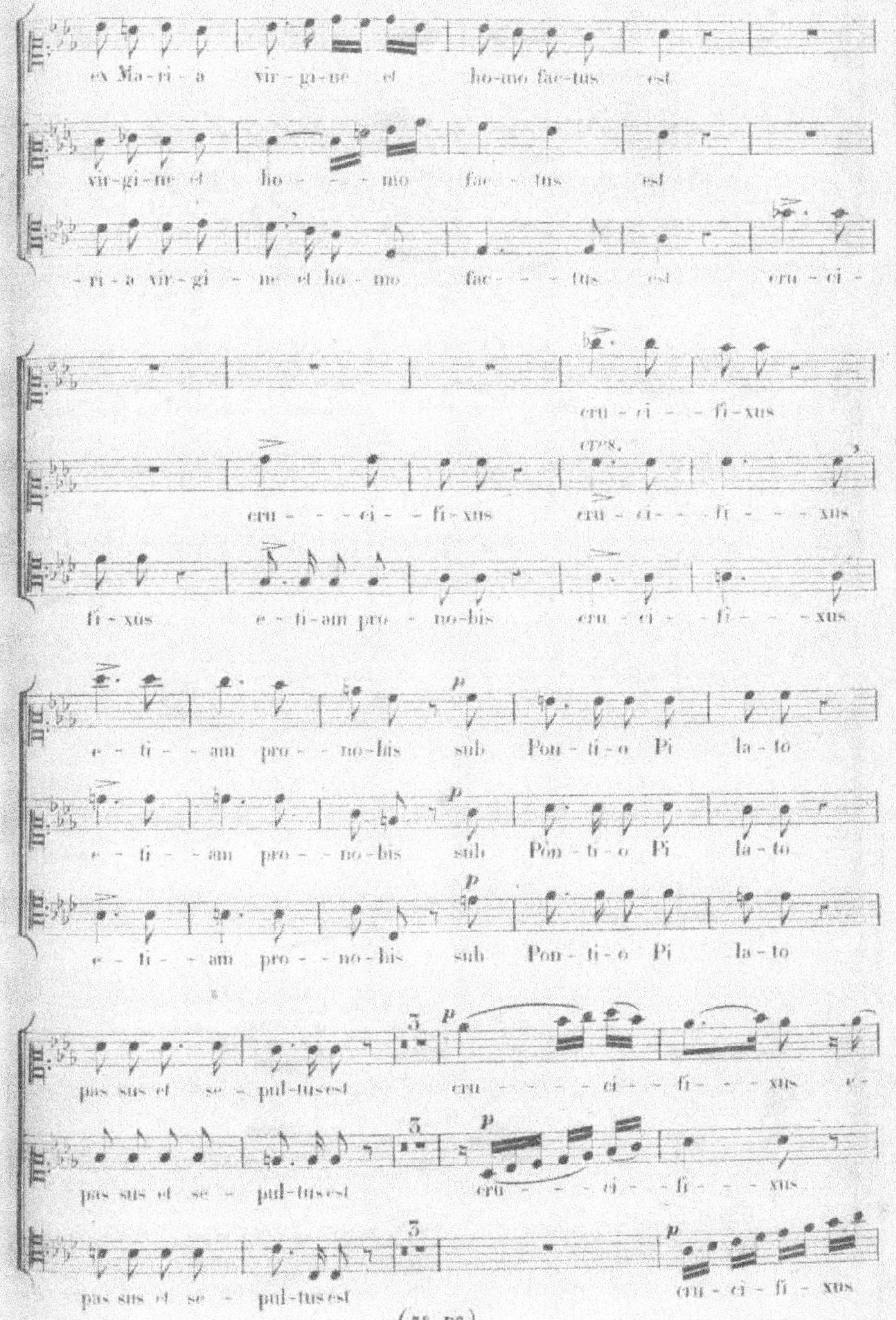
ex Ma-ri-a vir-gi-ne et ho-mo fac-tus est
vir-gi-ne et ho - - - mo fac - tus est
-ri-a vir-gi - ne et ho-mo fac - - - tus est cru - ci -
cru - ci - - fi - xus
cres.
cru - - - ci - - fi - xus cru - ci - - fi - - - xus
fi - xus e - ti-am pro - no-bis cru - ci - - fi - - - xus
e - ti - - am pro - - no-bis sub Pon-ti-o Pi la-to
p
e - ti - - am pro - - no-bis sub Pon-ti-o Pi la-to
e - ti - - am pro - - no-bis sub Pon-ti-o Pi la-to
pas sus et se - pul-tus est cru - - - - ci - - fi - - - xus e-
pas sus et se - pul-tus est cru - - - ci - - fi - - - xus
pas sus et se - pul-tus est cru - ci - fi - xus

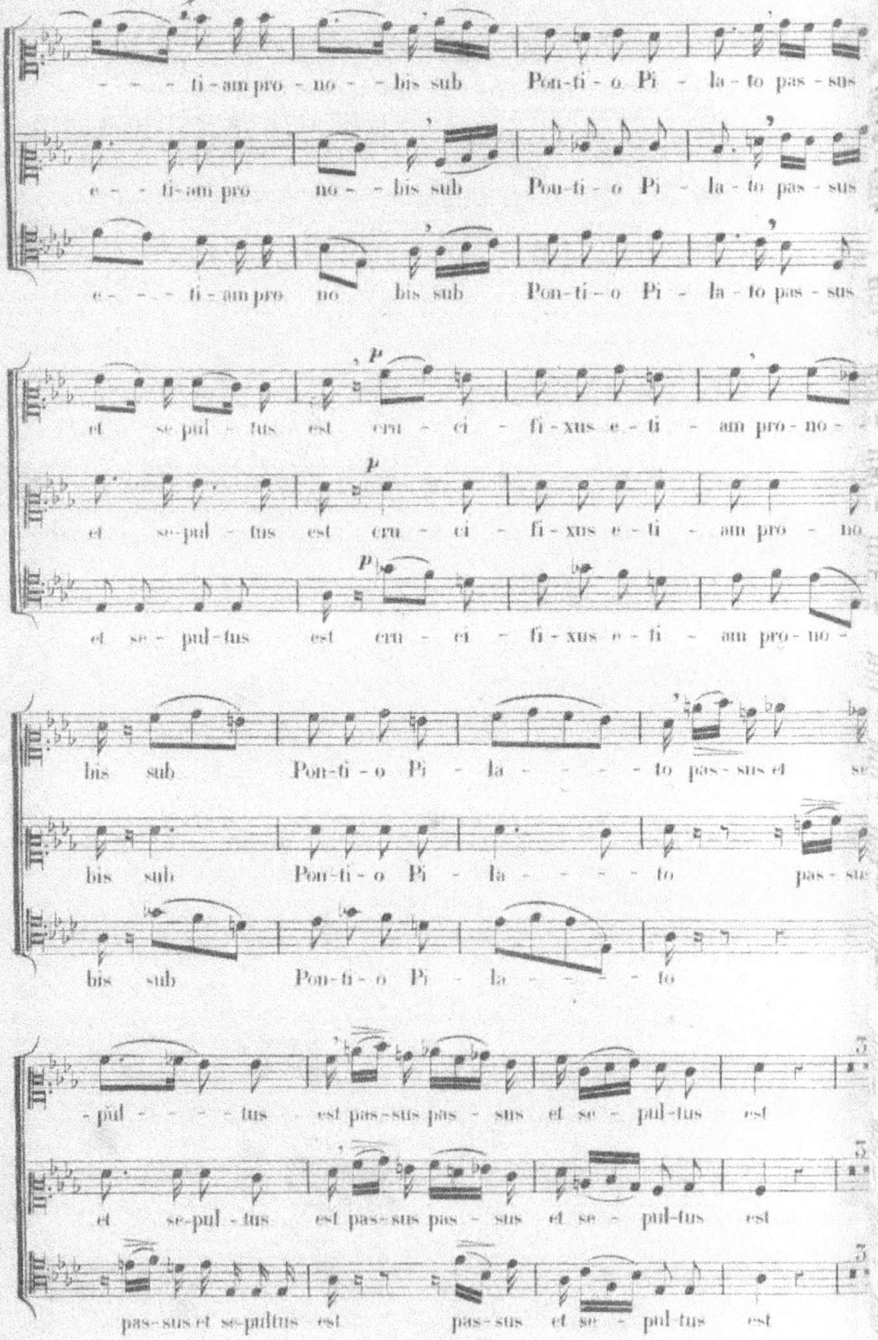

- - - ti - am pro - no - - bis sub Pon - ti - o Pi - la - to pas - sus

e - - ti - am pro no - - bis sub Pon - ti - o Pi - la - to pas - sus

e - - - ti - am pro no bis sub Pon - ti - o Pi - la - to pas - sus

et se - pul - tus est cru - ci - fi - xus e - ti - am pro - no -

et se - pul - tus est cru - ci - fi - xus e - ti - am pro - no

et se - pul - tus est cru - ci - fi - xus e - ti - am pro - no -

bis sub Pon - ti - o Pi - la - - - - to pas - sus et se -

bis sub Pon - ti - o Pi - la - - - - to pas - sus

bis sub Pon - ti - o Pi - la - - - - to

- pul - - - - tus est pas - sus pas - sus et se - pul - tus est

et se - pul - tus est pas - sus pas - sus et se - pul - tus est

pas - sus et se - pultus est pas - sus et se - pul - tus est

CANTIQUE

Pour 4 Sopranos.

N.° 129.

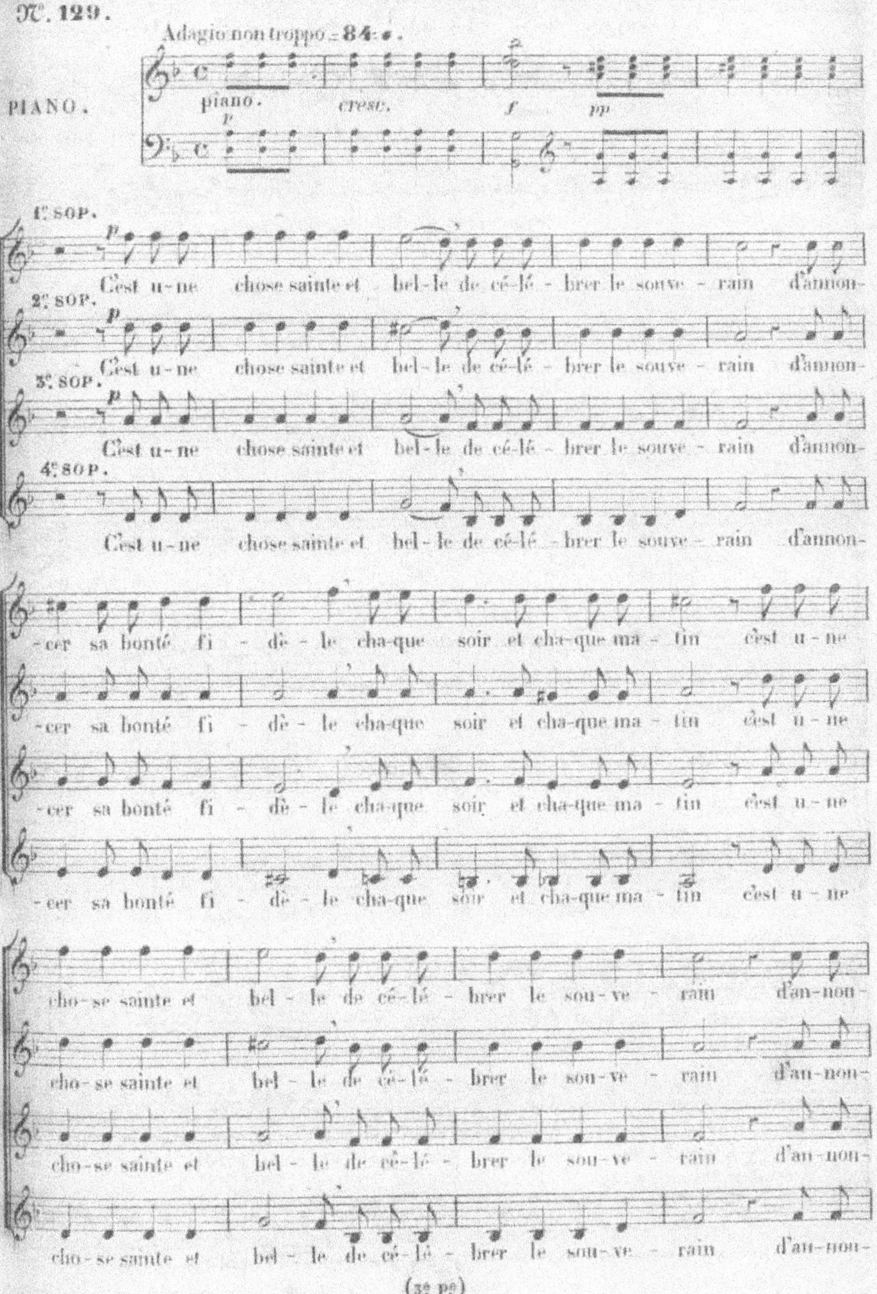

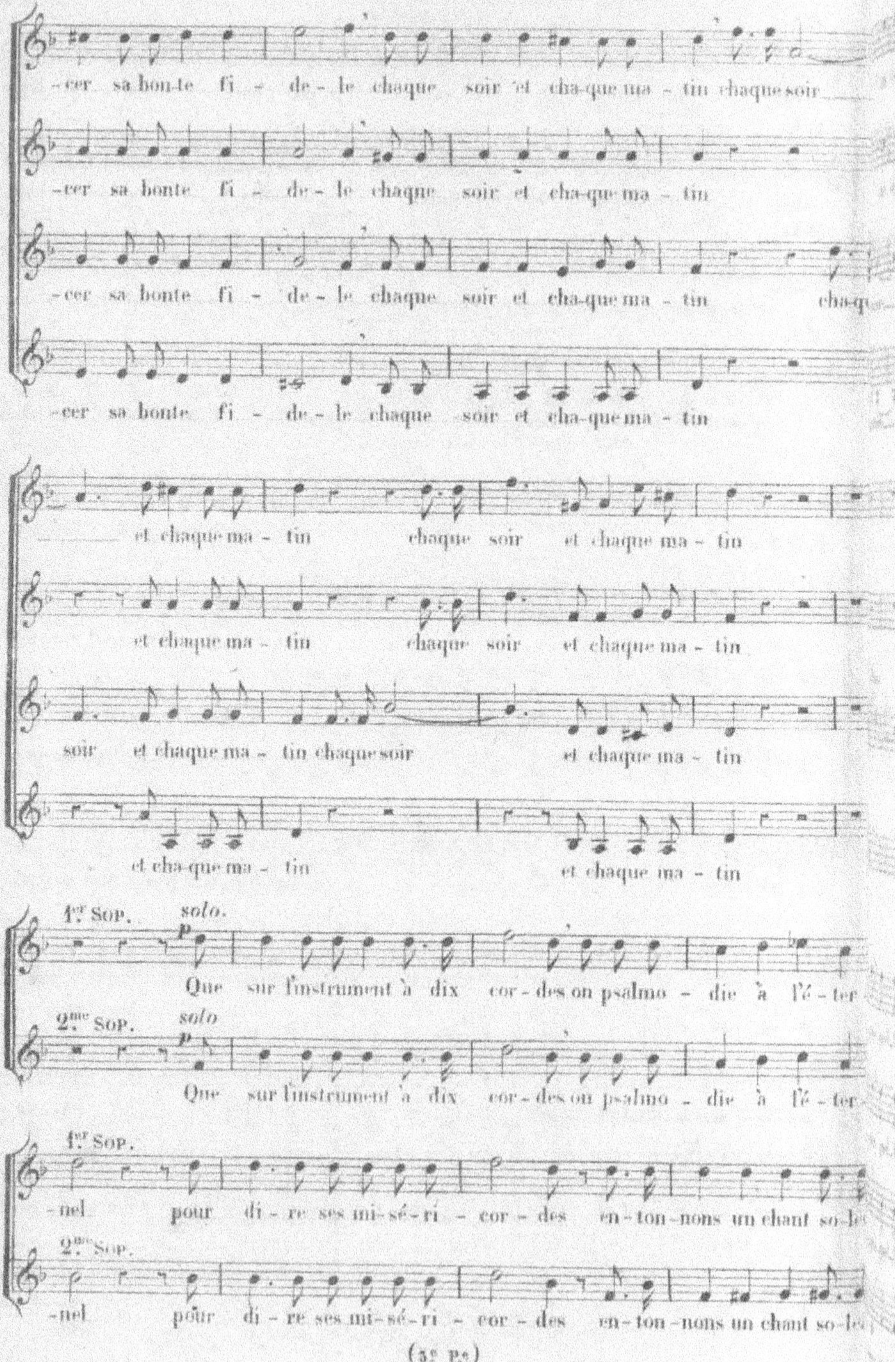
-cer sa bon-te fi - de - le chaque soir et cha-que ma - tin chaque soir
-cer sa bonte fi - de - le chaque soir et cha-que ma - tin
-cer sa bonte fi - de - le chaque soir et cha-que ma - tin cha-q
-cer sa bonte fi - de - le chaque soir et cha-que ma - tin
et chaque ma - tin chaque soir et chaque ma - tin
et chaque ma - tin chaque soir et chaque ma - tin
soir et chaque ma - tin chaque soir et chaque ma - tin
et cha-que ma - tin et chaque ma - tin
1er Sop.
solo.
p
Que sur l'instrument à dix cor - des on psalmo - die à l'é - ter
2me Sop.
solo
p
Que sur l'instrument à dix cor - des on psalmo - die à l'é - ter
1er Sop.
-nel pour di - re ses mi - sé - ri - cor - des en - ton - nons un chant so-le
2me Sop.
-nel pour di - re ses mi - sé - ri - cor - des en - ton - nons un chant so-le

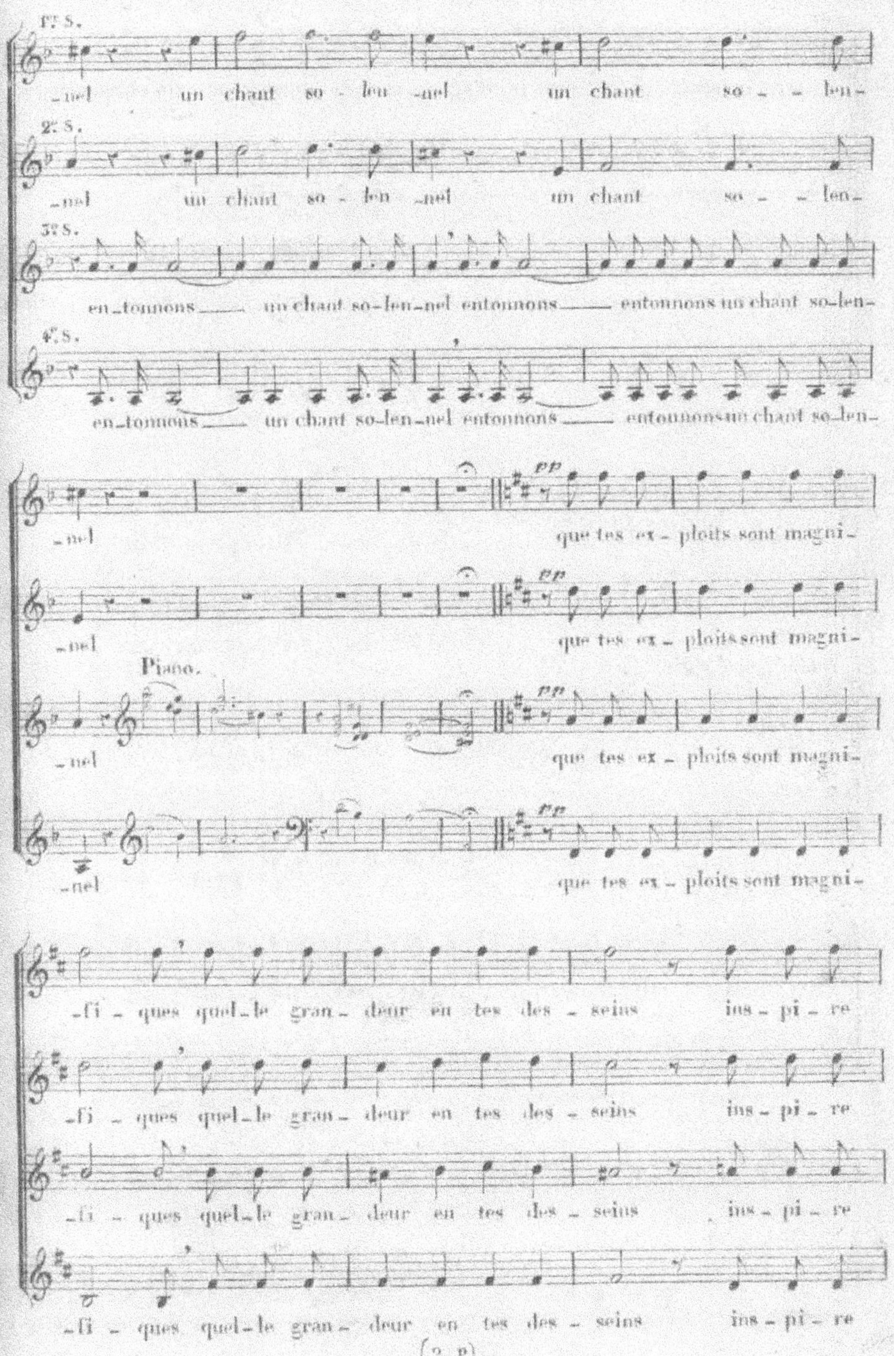
1r S.
-nel un chant so - len -nel un chant so - - len-
2e S.
-nel un chant so - len -nel un chant so - - len-
3e S.
en-tonnons un chant so-len-nel entonnons entonnons un chant so-len-
4e S.
en-tonnons un chant so-len-nel entonnons entonnons un chant so-len-
-nel
pp
que tes ex - ploits sont magni-
-nel
que tes ex - ploits sont magni-
Piano.
-nel
que tes ex - ploits sont magni-
-nel
que tes ex - ploits sont magni-
-fi - ques quel-le gran - deur en tes des - seins ins - pi - re
-fi - ques quel-le gran - deur en tes des - seins ins - pi - re
-fi - ques quel-le gran - deur en tes des - seins ins - pi - re
-fi - ques quel-le gran - deur en tes des - seins ins - pi - re

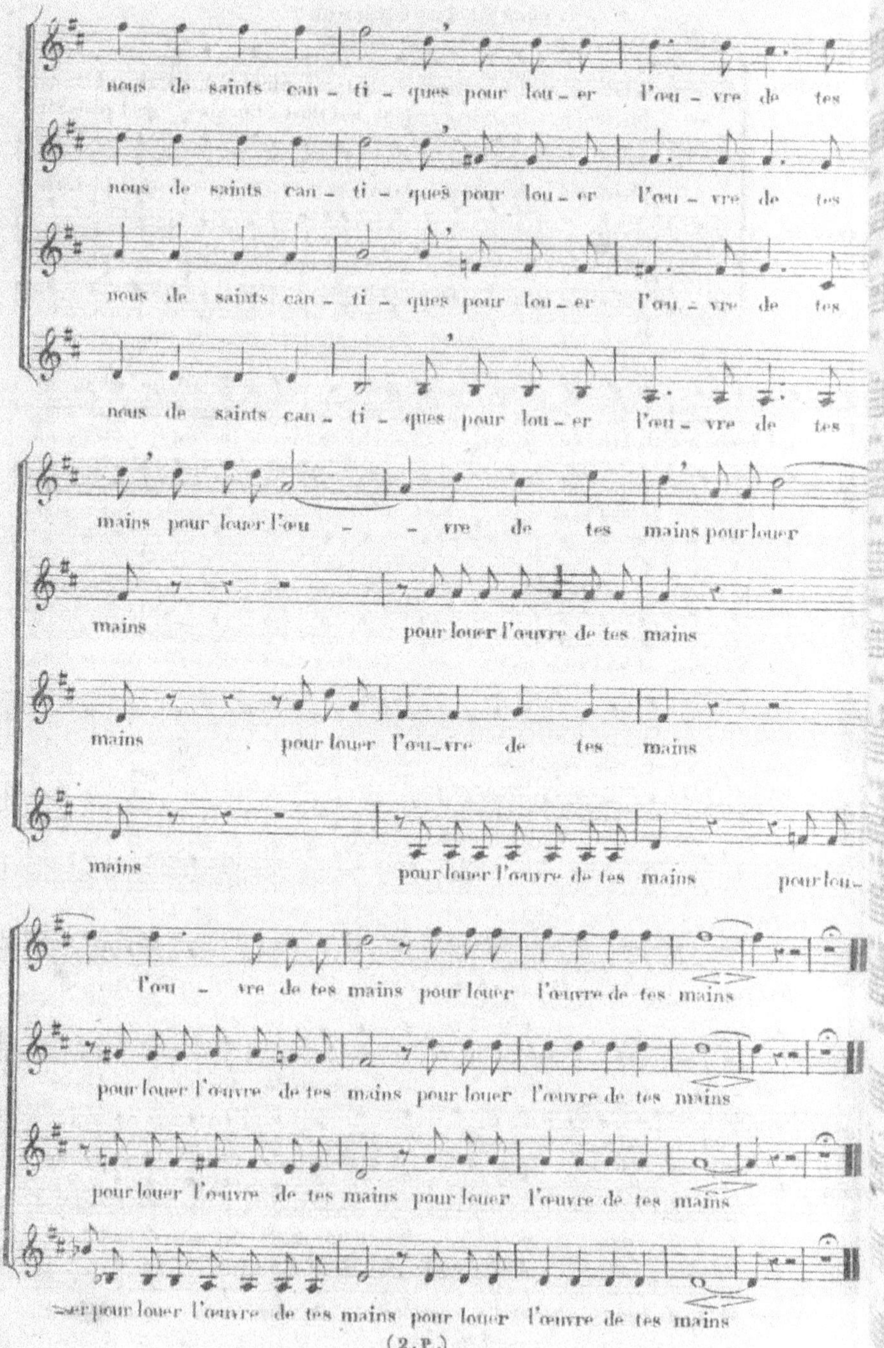
nous de saints can - ti - ques pour lou - er l'œu - vre de tes
nous de saints can - ti - ques pour lou - er l'œu - vre de tes
nous de saints can - ti - ques pour lou - er l'œu - vre de tes
nous de saints can - ti - ques pour lou - er l'œu - vre de tes
mains pour louer l'œu - - vre de tes mains pour louer
mains pour louer l'œuvre de tes mains
mains pour louer l'œu - vre de tes mains
mains pour louer l'œuvre de tes mains pour lou -
l'œu - vre de tes mains pour louer l'œuvre de tes mains
pour louer l'œuvre de tes mains pour louer l'œuvre de tes mains
pour louer l'œuvre de tes mains pour louer l'œuvre de tes mains
- er pour louer l'œuvre de tes mains pour louer l'œuvre de tes mains

LE RETOUR DES MONTAGNES.

CHŒUR À 4 VOIX D'HOMME.

Nº 130.

Allegro. (184 ♩)

1er TENOR. — Nous voici de retour dans nos mon-ta-gnes, quel plai-sir

2d TENOR. — Nous voici de retour dans nos mon-ta-gnes, quel plai-sir

BARYTON. — Nous voici de retour dans nos mon-ta-gnes, quel plai-sir

BASSE. — Nous voici de retour dans nos mon-ta-gnes quel plai-sir

quel bonheur et quel beau jour! frais val-lons noirs torrents vertes cam-

quel bonheur et quel beau jour! frais val-lons noirs torrents vertes cam-

quel bonheur et quel beau jour! frais val-lons noirs torrents vertes cam-

quel bonheur et quel beau jour! frais val-lons noirs torrents vertes cam-

-pa-gnes à vous nos chants et nos refrains d'amour a - près

-pa-gnes à vous nos chants et nos refrains d'amour a - près

-pa-gnes à vous nos chants et nos refrains d'amour a - - près

-pa-gnes à vous nos chants et nos refrains d'amour après l'ab-sen-

l'ab - sen - ce et les tourments de dix ans de mal-heur

l'ab - sen - ce et les tourments de dix ans de mal-heur

l'ab - - sen ce et les tourments de dix ans de mal-heur

-ce et les tour-ments et les tourments de dix ans de mal-heur

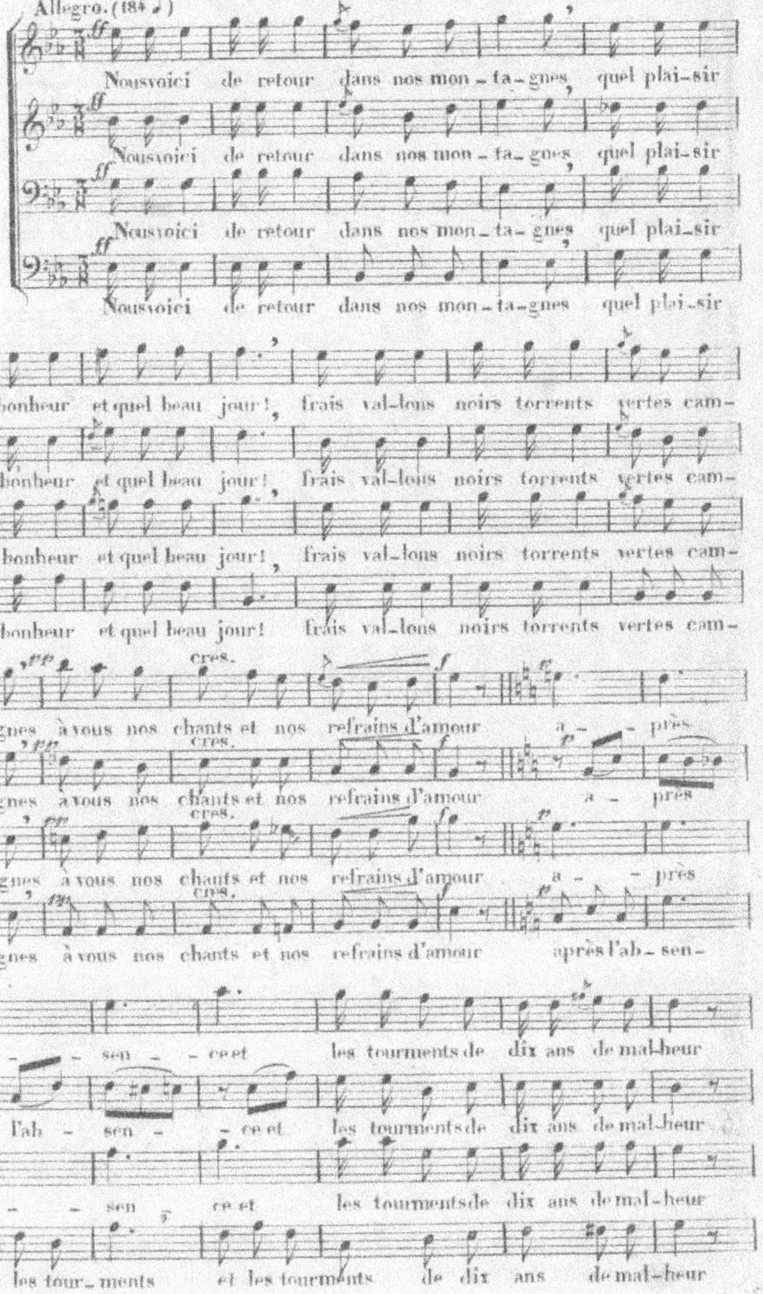

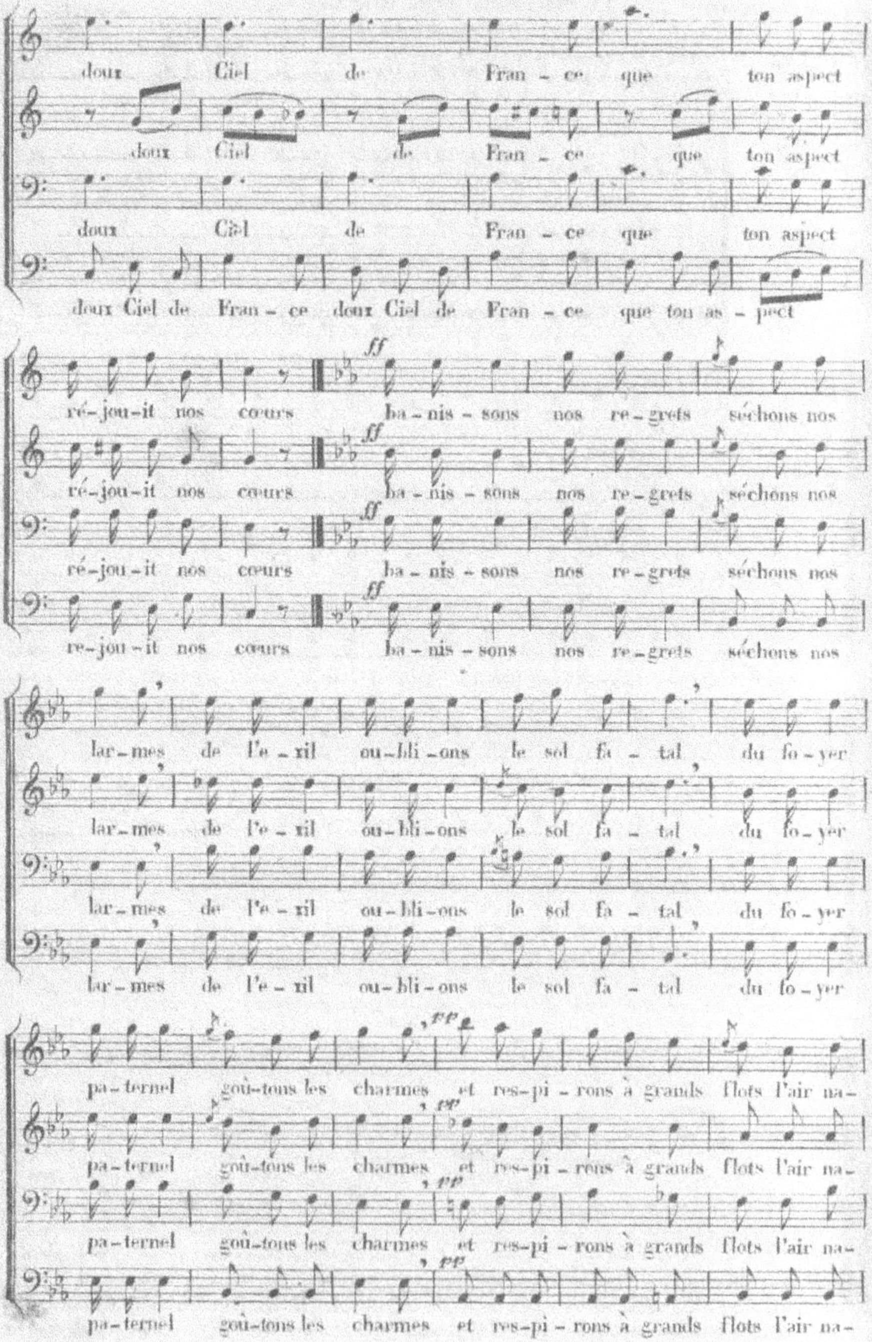

doux Ciel de Fran - ce que ton aspect
doux Ciel de Fran - ce que ton aspect
doux Ciel de Fran - ce que ton aspect
doux Ciel de Fran - ce doux Ciel de Fran - ce que ton as - pect

ré-jou-it nos cœurs ba-nis-sons nos re-grets séchons nos
ré-jou-it nos cœurs ba-nis-sons nos re-grets séchons nos
ré-jou-it nos cœurs ba-nis-sons nos re-grets séchons nos
re-jou-it nos cœurs ba-nis-sons nos re-grets séchons nos

lar-mes de l'e-xil ou-bli-ons le sol fa-tal du fo-yer
lar-mes de l'e-xil ou-bli-ons le sol fa-tal du fo-yer
lar-mes de l'e-xil ou-bli-ons le sol fa-tal du fo-yer
lar-mes de l'e-xil ou-bli-ons le sol fa-tal du fo-yer

pa-ternel goû-tons les charmes et res-pi-rons à grands flots l'air na-
pa-ternel goû-tons les charmes et res-pi-rons à grands flots l'air na-
pa-ternel goû-tons les charmes et res-pi-rons à grands flots l'air na-
pa-ternel goû-tons les charmes et res-pi-rons à grands flots l'air na-

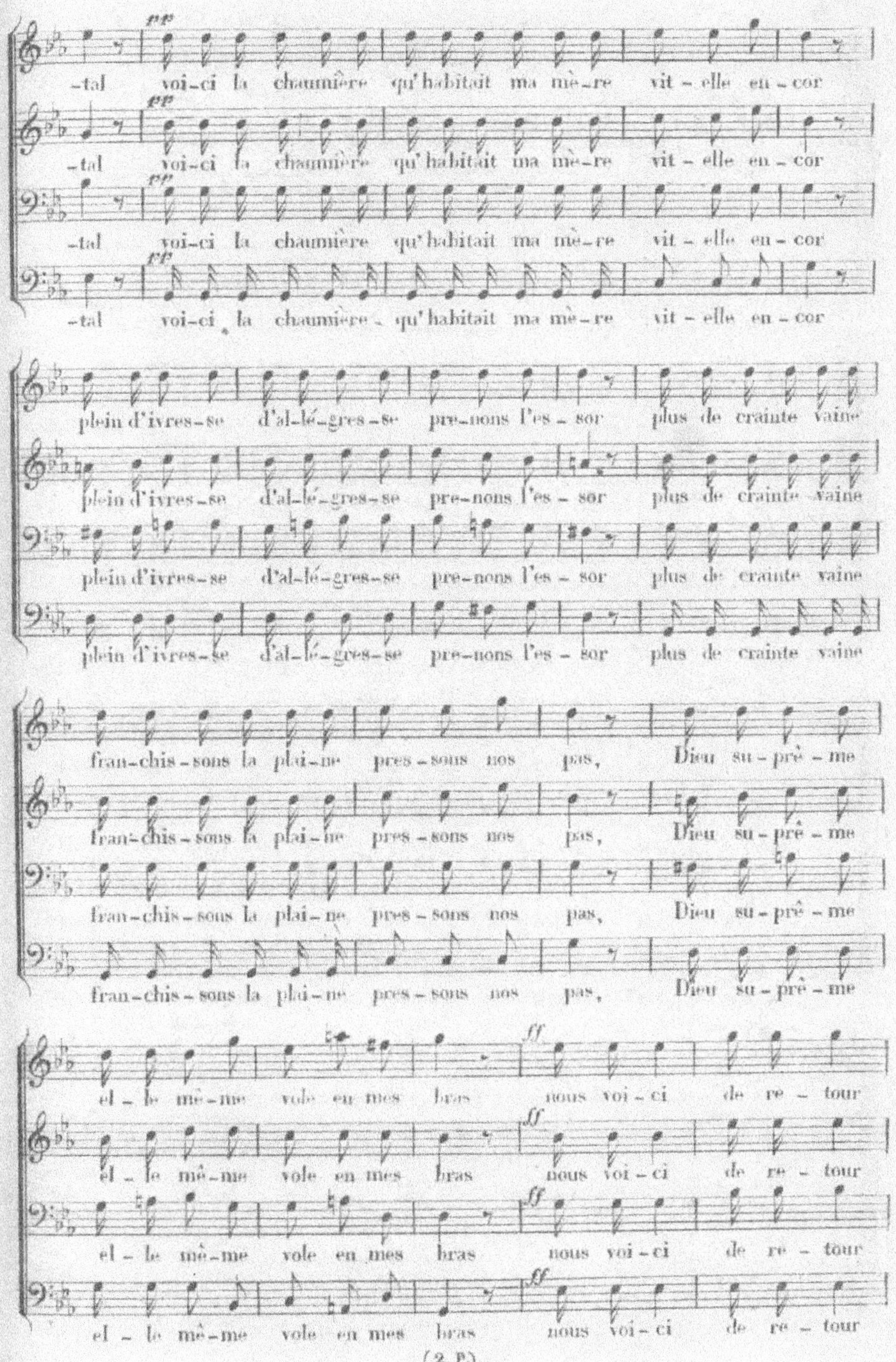
pp
-tal voi-ci la chaumière qu'habitait ma mè-re vit-elle en-cor
pp
-tal voi-ci la chaumière qu'habitait ma mè-re vit-elle en-cor
pp
-tal voi-ci la chaumière qu'habitait ma mè-re vit-elle en-cor
pp
-tal voi-ci la chaumière qu'habitait ma mè-re vit-elle en-cor
plein d'ivres-se d'al-lé-gres-se pre-nons l'es-sor plus de crainte vaine
plein d'ivres-se d'al-lé-gres-se pre-nons l'es-sor plus de crainte vaine
plein d'ivres-se d'al-lé-gres-se pre-nons l'es-sor plus de crainte vaine
plein d'ivres-se d'al-lé-gres-se pre-nons l'es-sor plus de crainte vaine
fran-chis-sons la plai-ne pres-sons nos pas, Dieu su-prê-me
fran-chis-sons la plai-ne pres-sons nos pas, Dieu su-prê-me
fran-chis-sons la plai-ne pres-sons nos pas, Dieu su-prê-me
fran-chis-sons la plai-ne pres-sons nos pas, Dieu su-prê-me
ff
el-le mê-me vole en mes bras nous voi-ci de re-tour
ff
el-le mê-me vole en mes bras nous voi-ci de re-tour
ff
el-le mê-me vole en mes bras nous voi-ci de re-tour
ff
el-le mê-me vole en mes bras nous voi-ci de re-tour

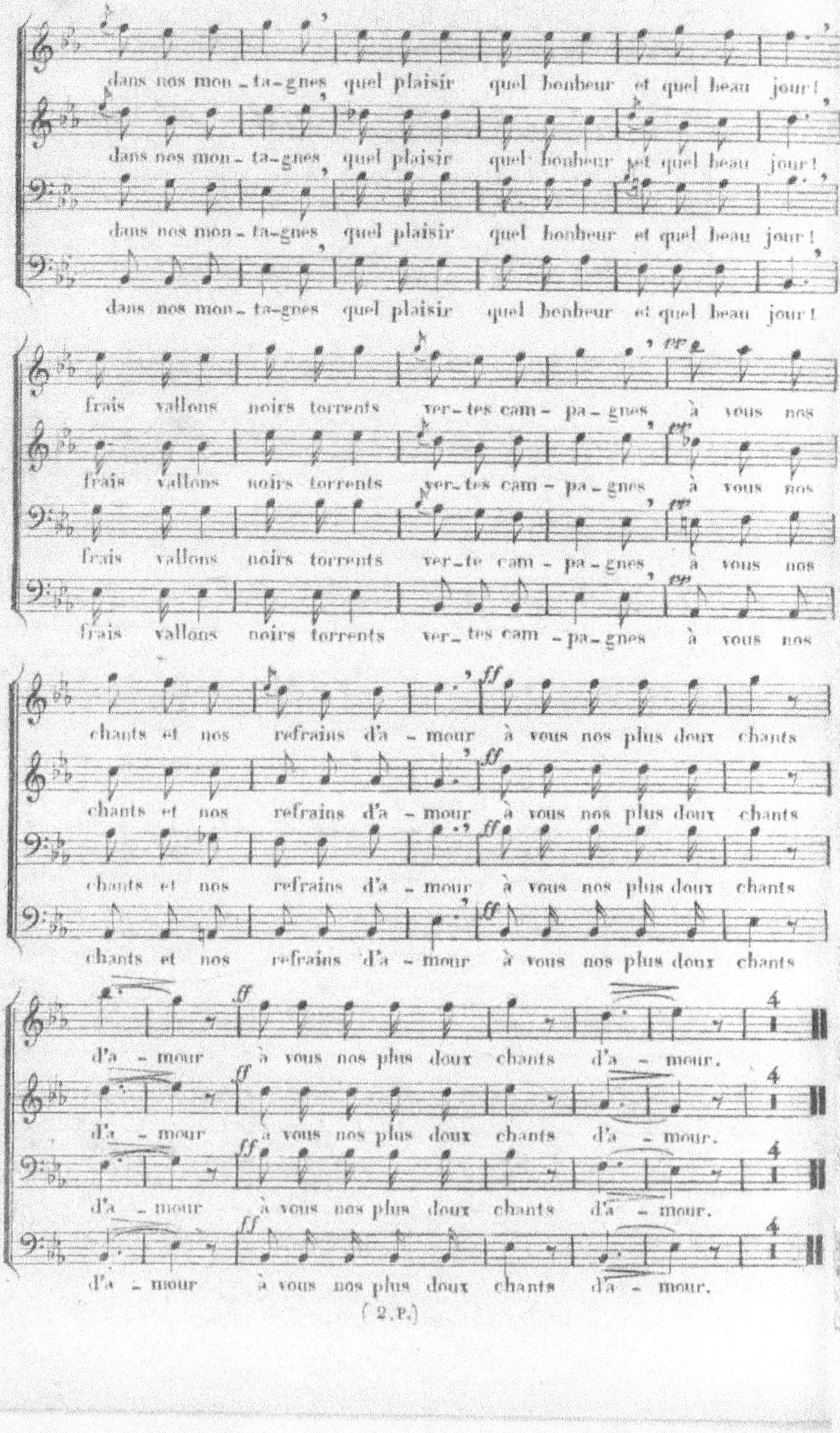

dans nos mon - ta - gnes quel plaisir quel bonheur et quel beau jour!

dans nos mon - ta - gnes quel plaisir quel bonheur et quel beau jour!

dans nos mon - ta - gnes quel plaisir quel bonheur et quel beau jour!

dans nos mon - ta - gnes quel plaisir quel bonheur et quel beau jour!

frais vallons noirs torrents ver - tes cam - pa - gnes à vous nos

frais vallons noirs torrents ver - tes cam - pa - gnes à vous nos

frais vallons noirs torrents ver - te cam - pa - gnes à vous nos

frais vallons noirs torrents ver - tes cam - pa - gnes à vous nos

chants et nos refrains d'a - mour à vous nos plus doux chants

chants et nos refrains d'a - mour à vous nos plus doux chants

chants et nos refrains d'a - mour à vous nos plus doux chants

chants et nos refrains d'a - mour à vous nos plus doux chants

d'a - mour à vous nos plus doux chants d'a - mour.

d'a - mour à vous nos plus doux chants d'a - mour.

d'a - mour à vous nos plus doux chants d'a - mour.

d'a - mour à vous nos plus doux chants d'a - mour.

CANTIQUE HEBRAÏQUE.

À 4 VOIX D'HOMME.

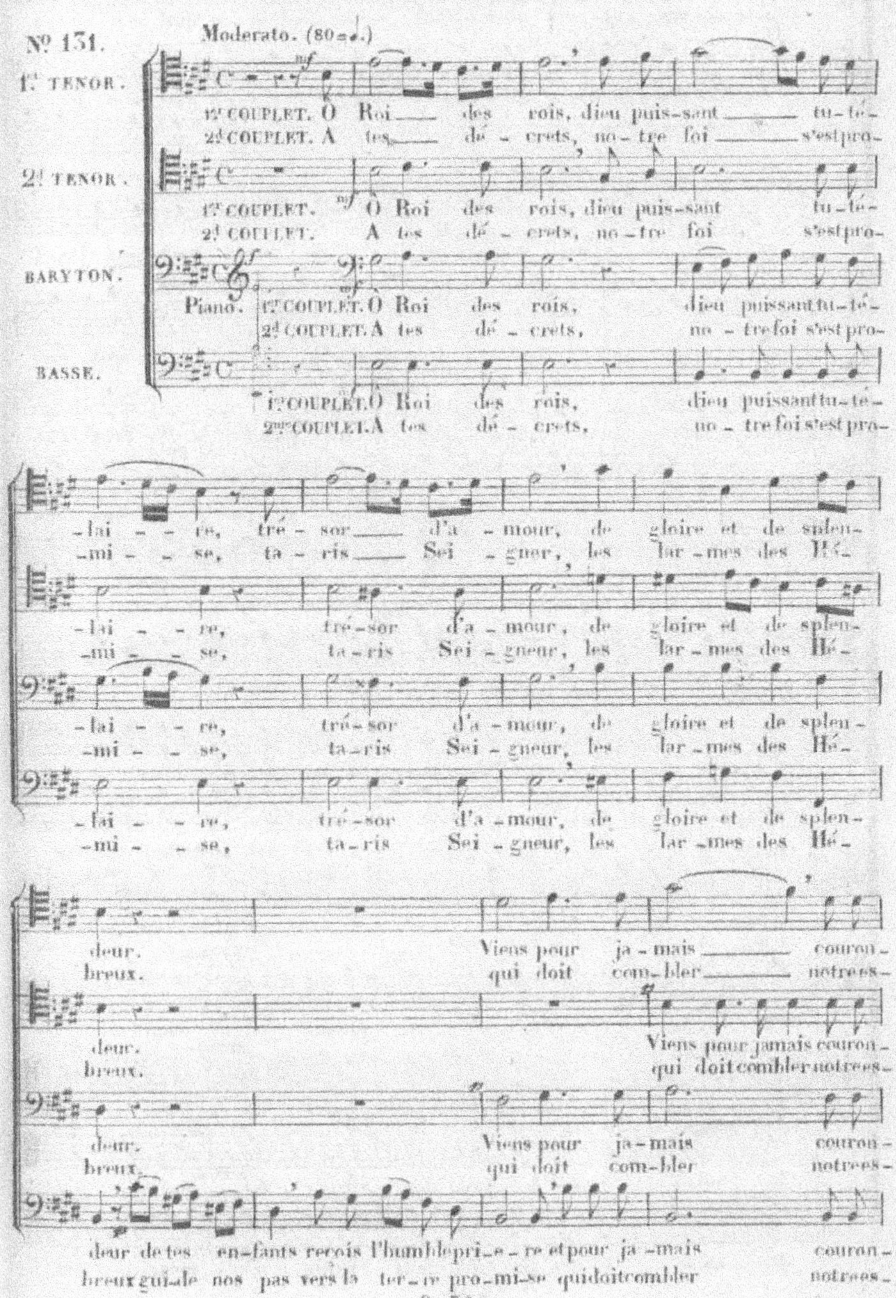

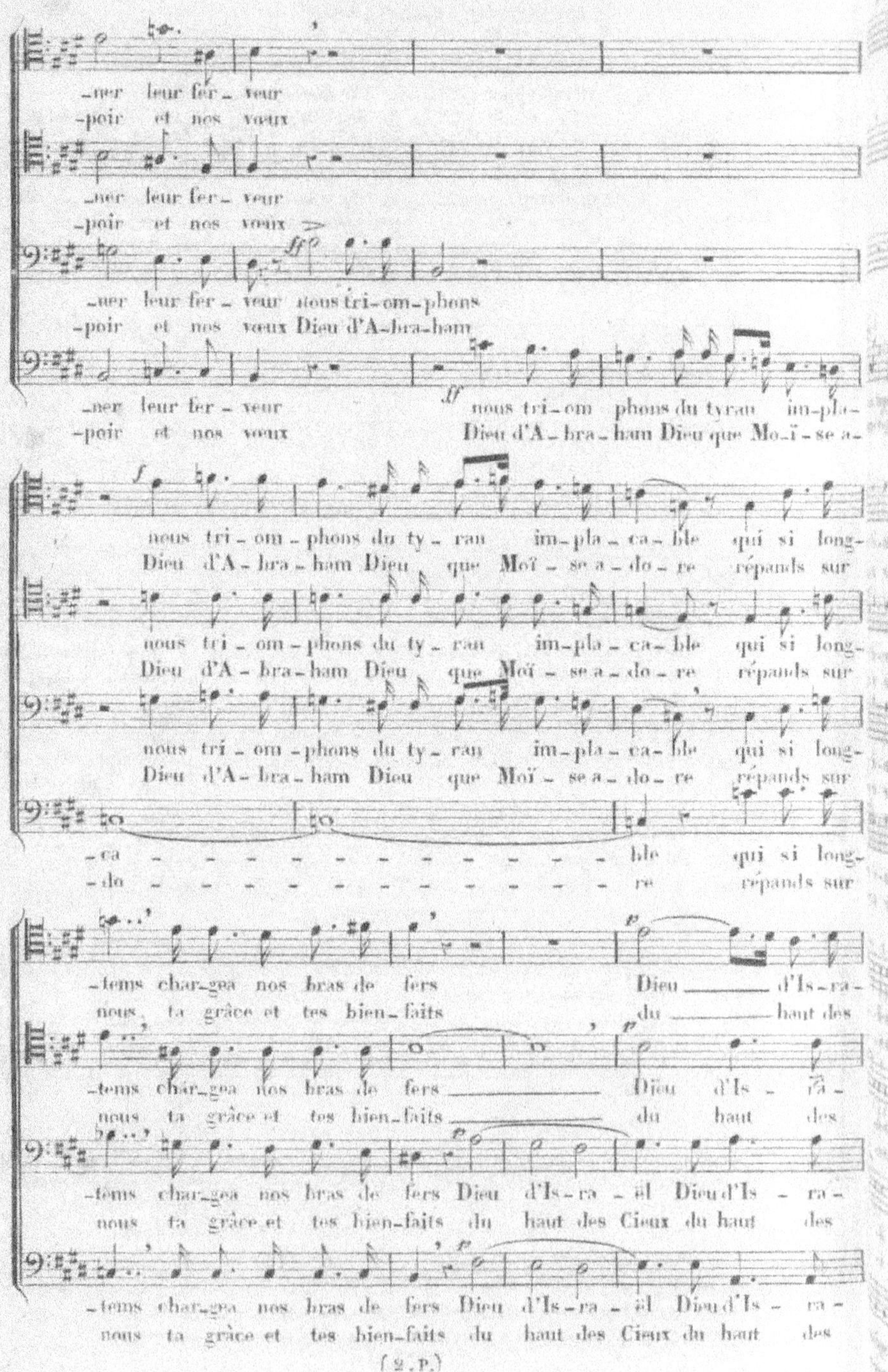
_ner leur fer _ veur
-poir et nos vœux
_ner leur fer _ veur
-poir et nos vœux
_ner leur fer _ veur nous tri-om-phons
-poir et nos vœux Dieu d'A-bra-ham
_ner leur fer _ veur nous tri-om phons du tyran im-pla-
-poir et nos vœux Dieu d'A _ bra _ ham Dieu que Mo-ï - se a-
nous tri _ om _ phons du ty _ ran im_pla _ ca _ ble qui si long-
Dieu d'A _ bra _ ham Dieu que Moï _ se a _ do _ re répands sur
nous tri _ om _ phons du ty _ ran im_pla _ ca _ ble qui si long-
Dieu d'A _ bra _ ham Dieu que Moï _ se a _ do _ re répands sur
nous tri _ om _ phons du ty _ ran im_pla _ ca _ ble qui si long-
Dieu d'A _ bra _ ham Dieu que Moï _ se a _ do _ re répands sur
_ca _ _ _ _ _ _ _ _ _ _ _ _ _ _ _ ble qui si long-
_do _ _ _ _ _ _ _ _ _ _ _ _ _ _ _ re répands sur
_tems char_gea nos bras de fers Dieu d'Is _ ra _
nous ta grâce et tes bien_faits du haut des
_tems char_gea nos bras de fers Dieu d'Is _ ra _
nous ta grâce et tes bien_faits du haut des
_tems char_gea nos bras de fers Dieu d'Is _ ra _ ël Dieu d'Is _ ra _
nous ta grâce et tes bien_faits du haut des Cieux du haut des
_tems char_gea nos bras de fers Dieu d'Is _ ra _ ël Dieu d'Is _ ra _
nous ta grâce et tes bien_faits du haut des Cieux du haut des

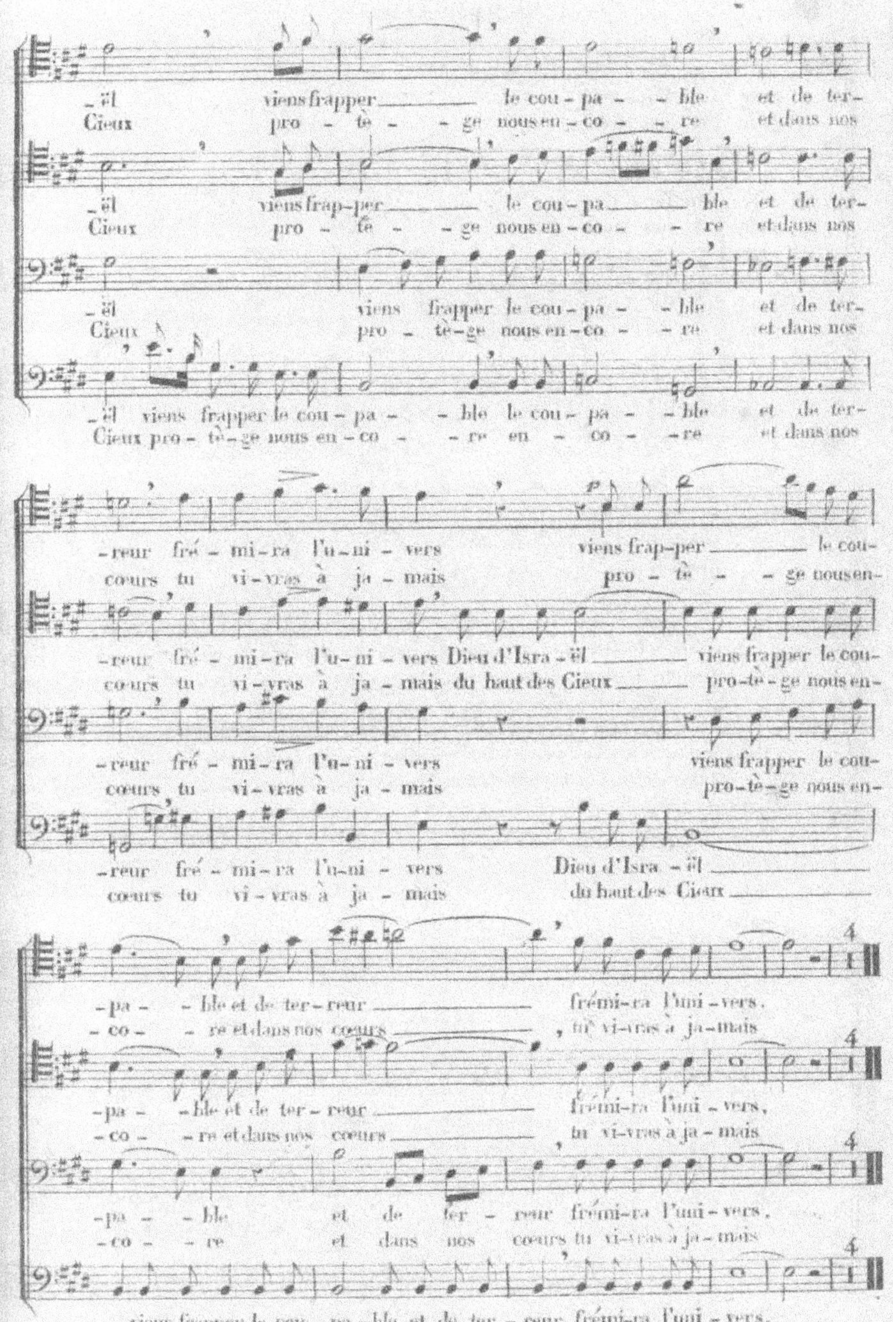
-ël viens frapper le cou-pa- - ble et de ter-
Cieux pro - tè - - ge nous en - co - - re et dans nos
-ël viens frap-per le cou-pa ble et de ter-
Cieux pro - tè - - ge nous en - co - - re et dans nos
-ël viens frapper le cou-pa- - ble et de ter-
Cieux pro - tè-ge nous en - co - - re et dans nos
-ël viens frapper le cou - pa - - ble le cou - pa - - ble et de ter-
Cieux pro - tè - ge nous en - co - - re en - co - - re et dans nos
-reur fré - mi-ra l'u-ni - vers viens frap-per le cou-
cœurs tu vi-vras à ja - mais pro - tè - - ge nous en-
-reur fré - mi-ra l'u-ni - vers Dieu d'Isra - ël viens frapper le cou-
cœurs tu vi-vras à ja - mais du haut des Cieux pro-tè-ge nous en-
-reur fré - mi-ra l'u-ni - vers viens frapper le cou-
cœurs tu vi-vras à ja - mais pro-tè-ge nous en-
-reur fré - mi-ra l'u-ni - vers Dieu d'Isra - ël
cœurs tu vi-vras à ja - mais du haut des Cieux
-pa - - ble et de ter-reur frémi-ra l'uni - vers.
- co - - re et dans nos cœurs , tu vi-vras à ja-mais
-pa - - ble et de ter-reur frémi-ra l'uni - vers.
- co - - re et dans nos cœurs , tu vi-vras à ja - mais
-pa - - ble et de ter - reur frémi-ra l'uni - vers.
- co - - re et dans nos cœurs tu vi-vras à ja-mais
viens frapper le cou - pa - ble et de ter - reur frémi-ra l'uni - vers.
pro - tè - ge nous en - co - re et dans nos cœurs tu vi-vras à ja - mais

O SALUTARIS

A 4 VOIX D'HOMMES.

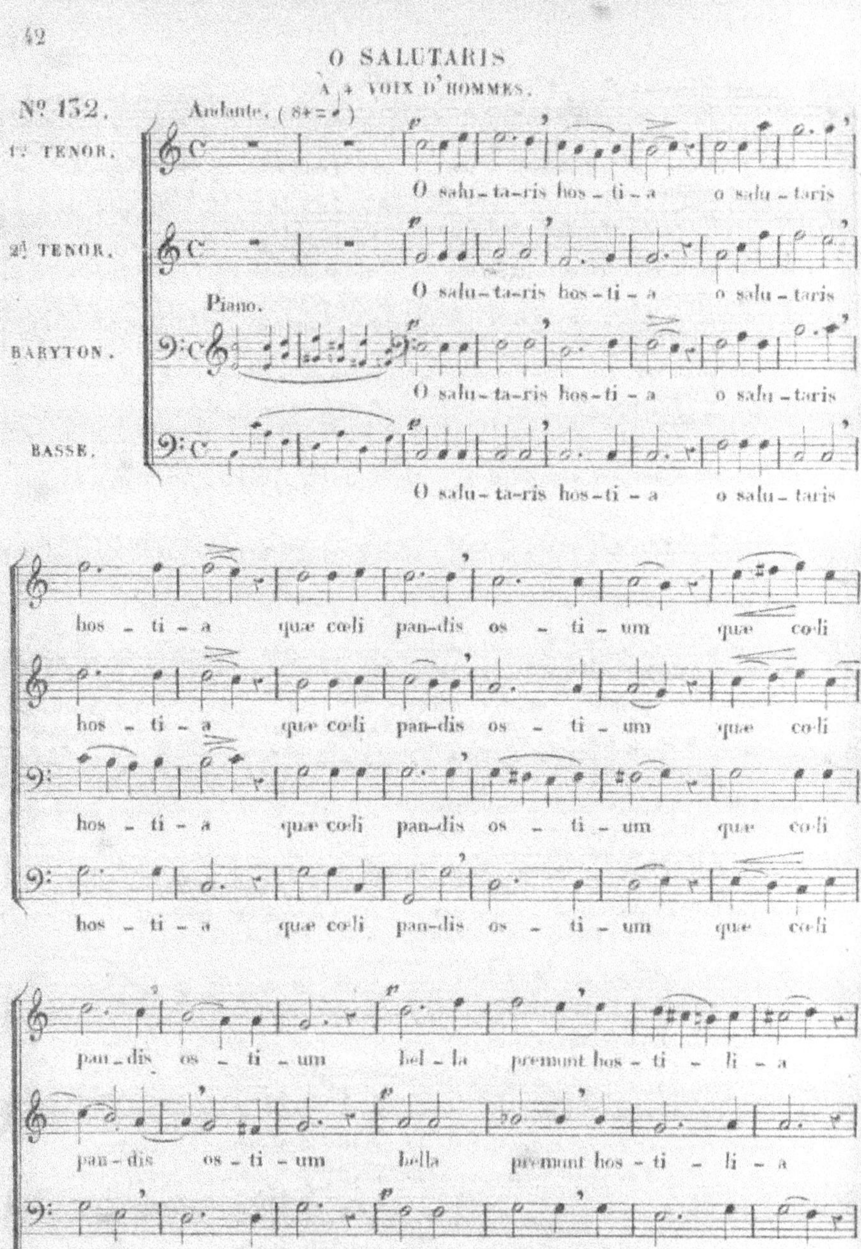

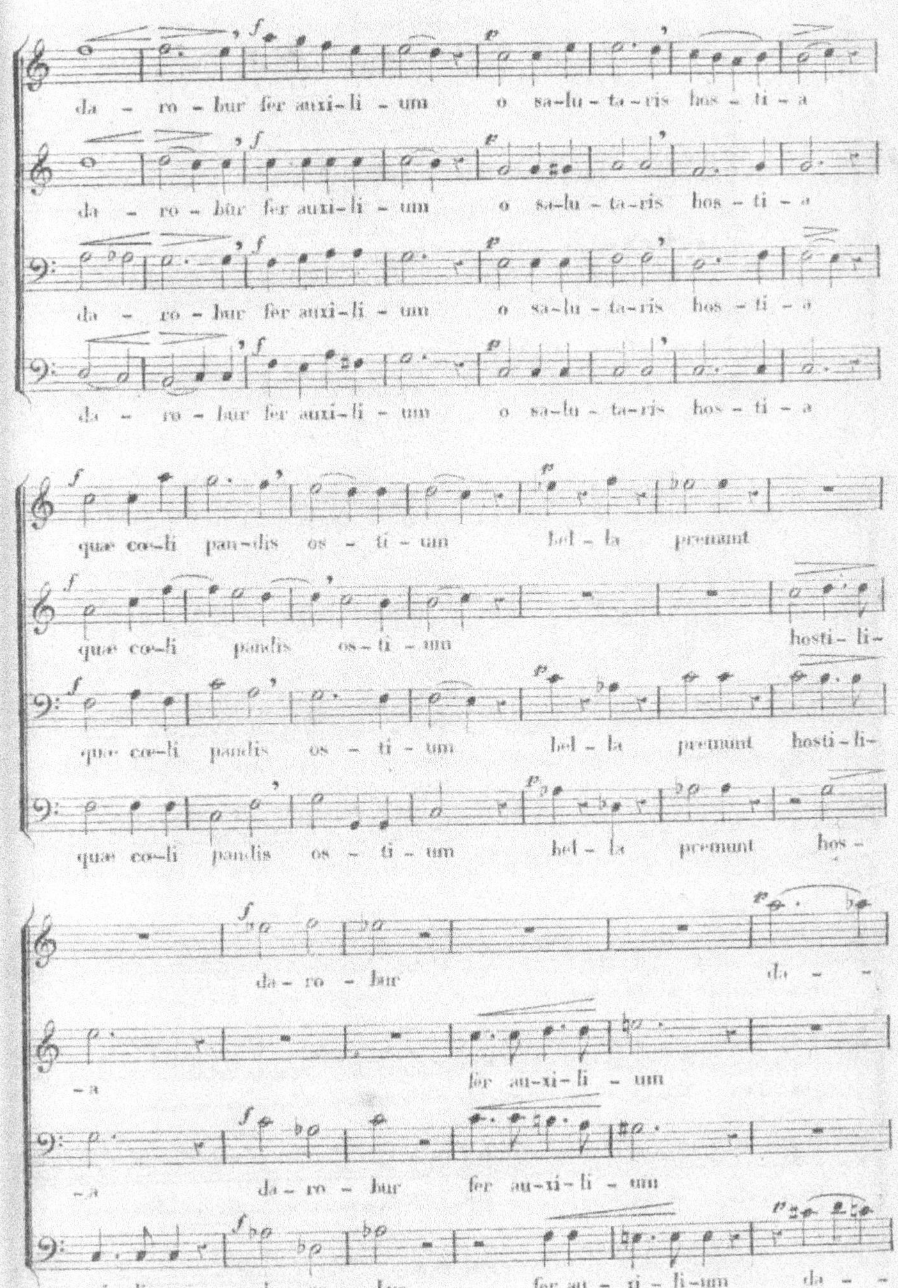
da - ro - bur fer auxi-li - um o sa-lu - ta-ris hos - ti - a
da - ro - bur fer auxi-li - um o sa-lu - ta-ris hos - ti - a
da - ro - bur fer auxi-li - um o sa-lu - ta-ris hos - ti - a
da - ro - bur fer auxi-li - um o sa-lu - ta-ris hos - ti - a
quæ cœ-li pan-dis os - ti - um bel - la premunt
quæ cœ-li pandis os-ti - um hosti-li-
quæ cœ-li pandis os - ti - um bel - la premunt hosti-li-
quæ cœ-li pandis os - ti - um bel - la premunt hos-
da - ro - bur da -
- a fer au-xi-li - um
- a da - ro - bur fer au-xi-li - um
ti - li - a da - ro - bur fer au - xi - li-um da -

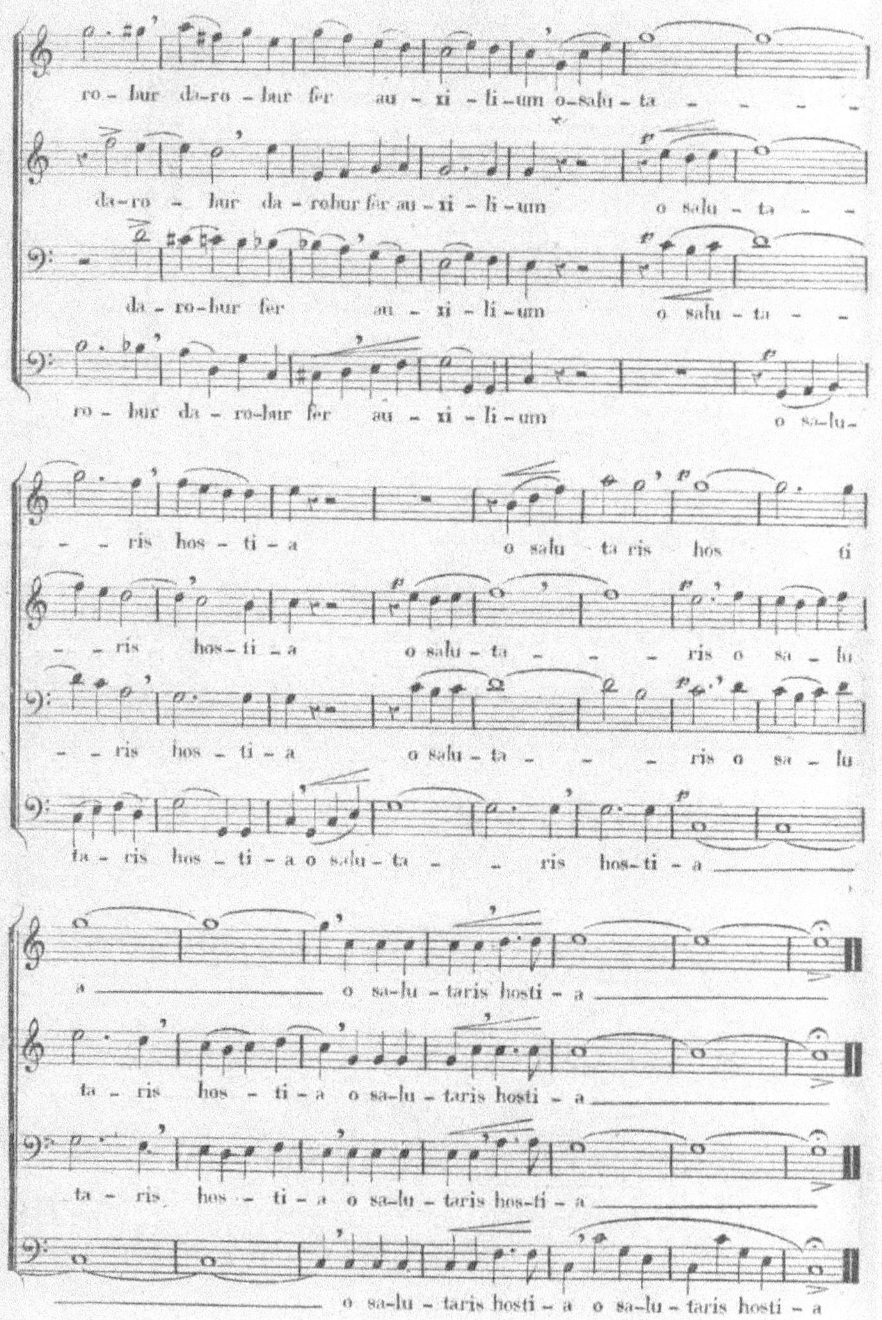
ro - bur da-ro - bur fer au - xi - li-um o-salu - ta - - - -
da-ro - bur da - robur fer au - xi - li - um o salu - ta - -
da - ro-bur fer au - xi - li - um o salu - ta - -
ro - bur da - ro-bur fer au - xi - li - um o sa-lu-
- - ris hos - ti - a o salu ta ris hos ti
- - ris hos-ti - a o salu - ta - - - ris o sa - lu
- - ris hos - ti - a o salu - ta - - - ris o sa - lu
ta - ris hos - ti - a o salu - ta - - ris hos-ti - a
a o sa-lu - taris hosti - a
ta - ris hos - ti - a o sa-lu - taris hosti - a
ta - ris hos - ti - a o sa-lu - taris hos-ti - a
o sa-lu - taris hosti - a o sa-lu - taris hosti - a

REQUIEM

A 4 VOIX.

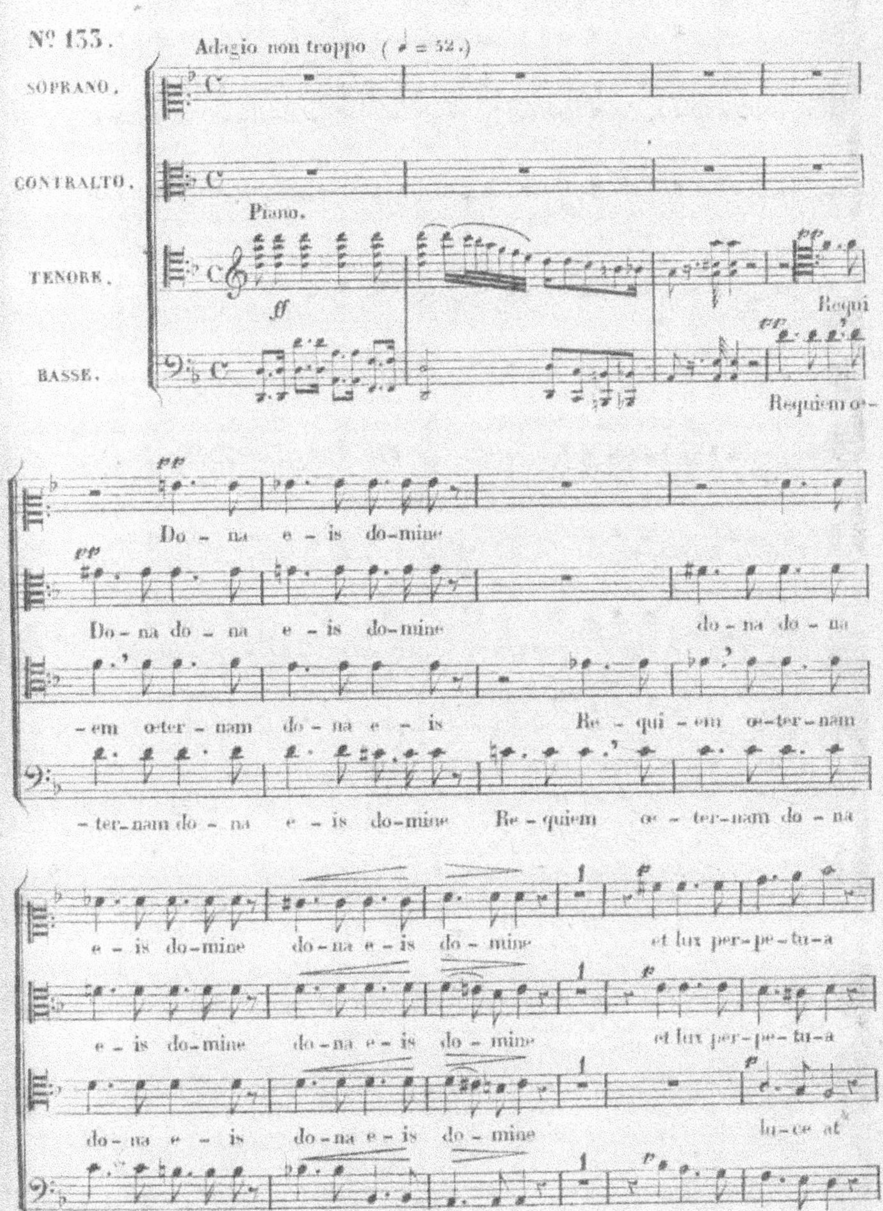

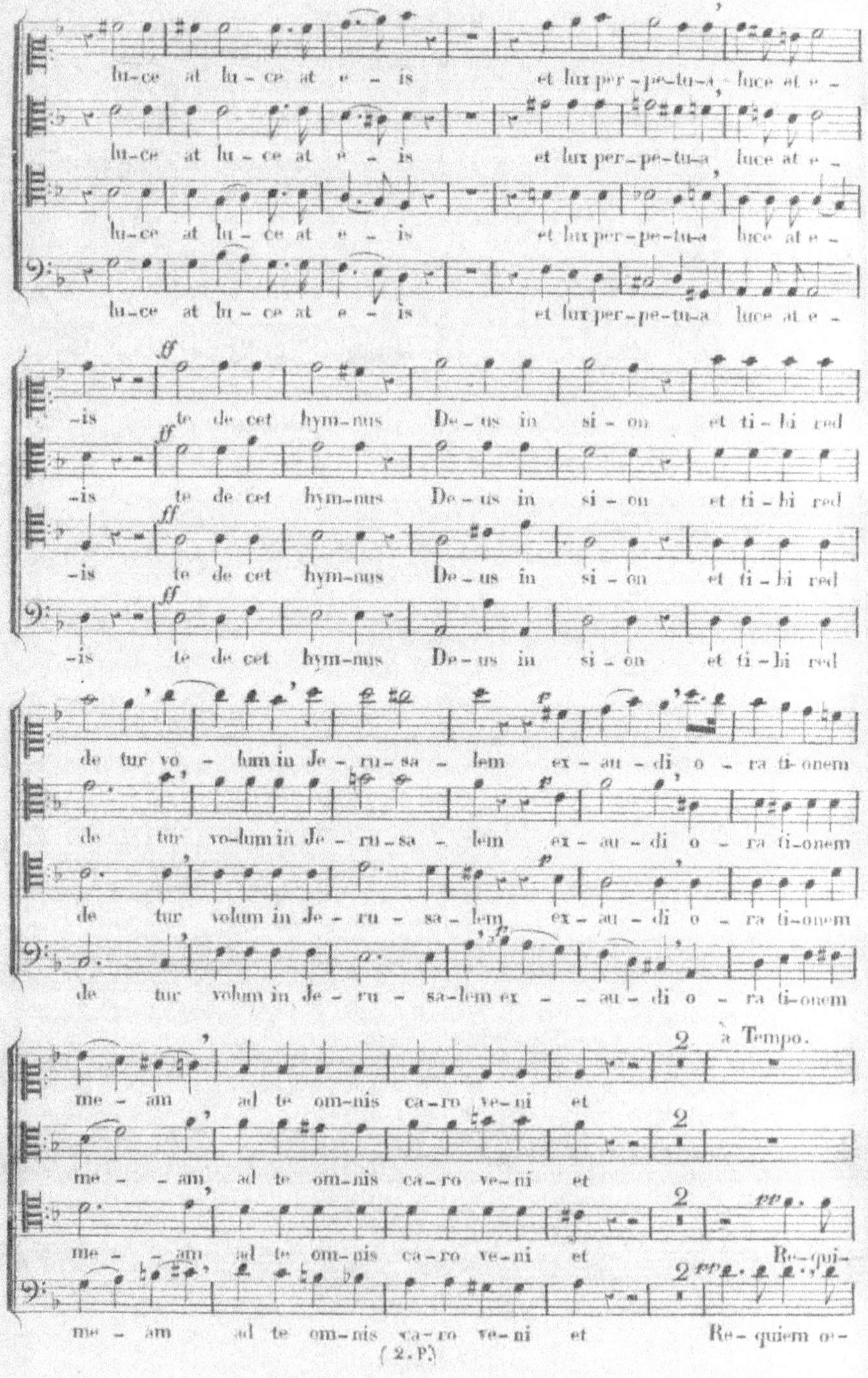
lu-ce at lu-ce at e - is et lux per - pe-tu-a, luce at e -
lu-ce at lu-ce at e - is et lux per-pe-tu-a, luce at e -
lu-ce at lu-ce at e - is et lux per-pe-tu-a luce at e -
lu-ce at lu - ce at e - is et lux per-pe-tu-a luce at e -
ff
-is te de cet hym-nus De-us in si-on et ti-bi red
-is te de cet hym-nus De-us in si-on et ti-bi red
-is te de cet hym-nus De-us in si-on et ti-bi red
-is te de cet hym-nus De-us in si-on et ti-bi red
de tur vo - lum in Je - ru-sa - lem ex - au - di o - ra ti-onem
de tur vo-lum in Je - ru-sa - lem ex - au - di o - ra ti-onem
p
de tur volum in Je - ru - sa-lem ex - au - di o - ra ti-onem
de tur volum in Je - ru - sa-lem ex - - au - di o - ra ti-onem
2
a Tempo.
pp
me - am ad te om-nis ca-ro ve-ni et
me - - am, ad te om-nis ca-ro ve-ni et
me - - am ad te om-nis ca-ro ve-ni et Re-qui-
me - am ad te om-nis ca-ro ve-ni et Re-quiem ae-

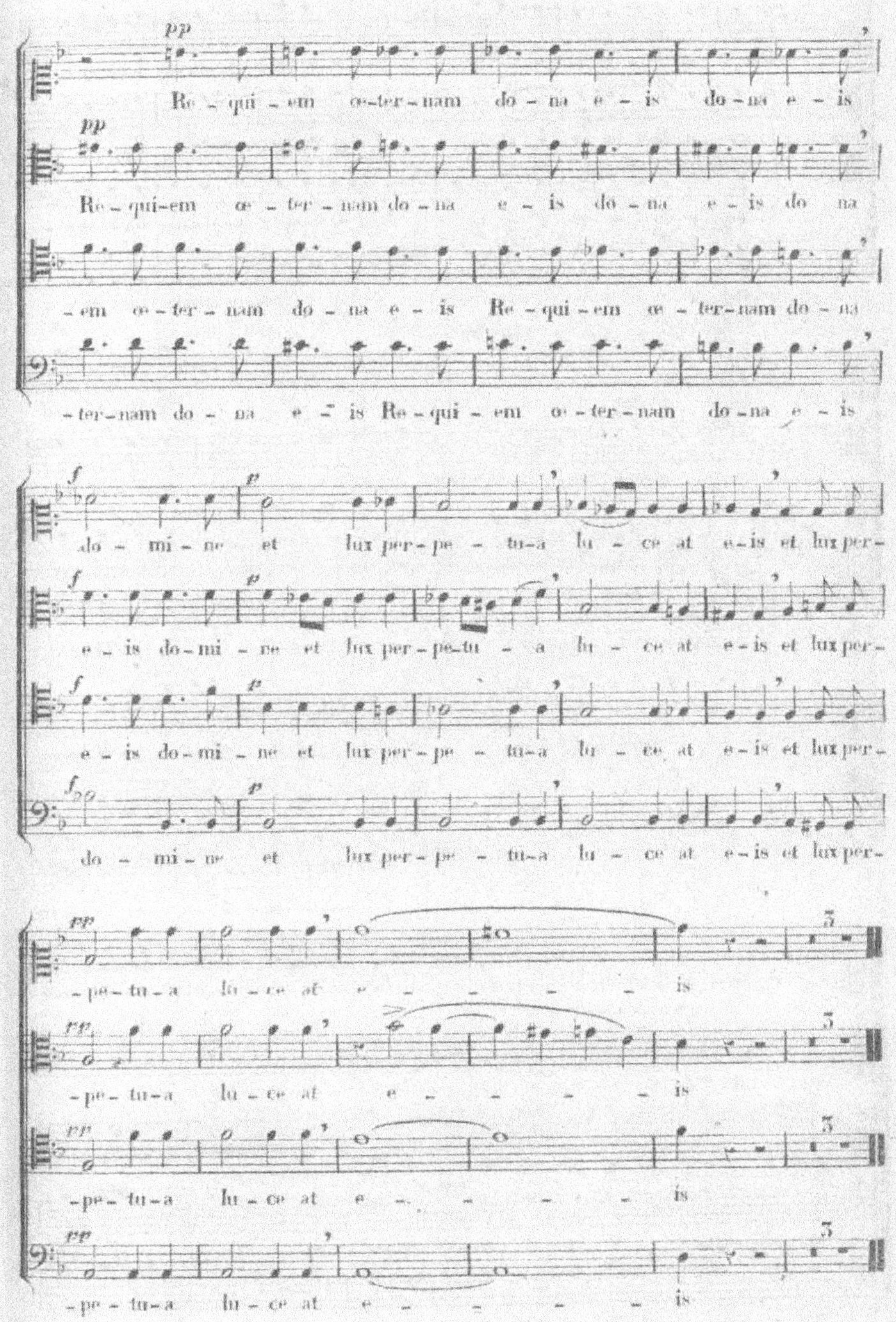
pp
Re - qui - em œ-ter - nam do - na e - is do - na e - is
pp
Re - qui-em œ - ter - nam do - na e - is do - na e - is do na
-em œ - ter - nam do - na e - is Re - qui - em œ - ter-nam do - na
-ter - nam do - na e - is Re - qui - em œ - ter - nam do - na e - is
f
p
do - mi - ne et lux per - pe - tu-a lu - ce at e - is et lux per-
e - is do-mi - ne et lux per - pe-tu - a lu - ce at e - is et lux per-
e - is do - mi - ne et lux per - pe - tu-a lu - ce at e - is et lux per-
do - mi - ne et lux per - pe - tu-a lu - ce at e - is et lux per-
pp
-pe - tu - a lu - ce at e - - - - - is
-pe - tu-a lu - ce at e - - - - - is
-pe - tu - a lu - ce at e - - - - - is
-pe - tu - a lu - ce at e - - - - - is

KYRIE.

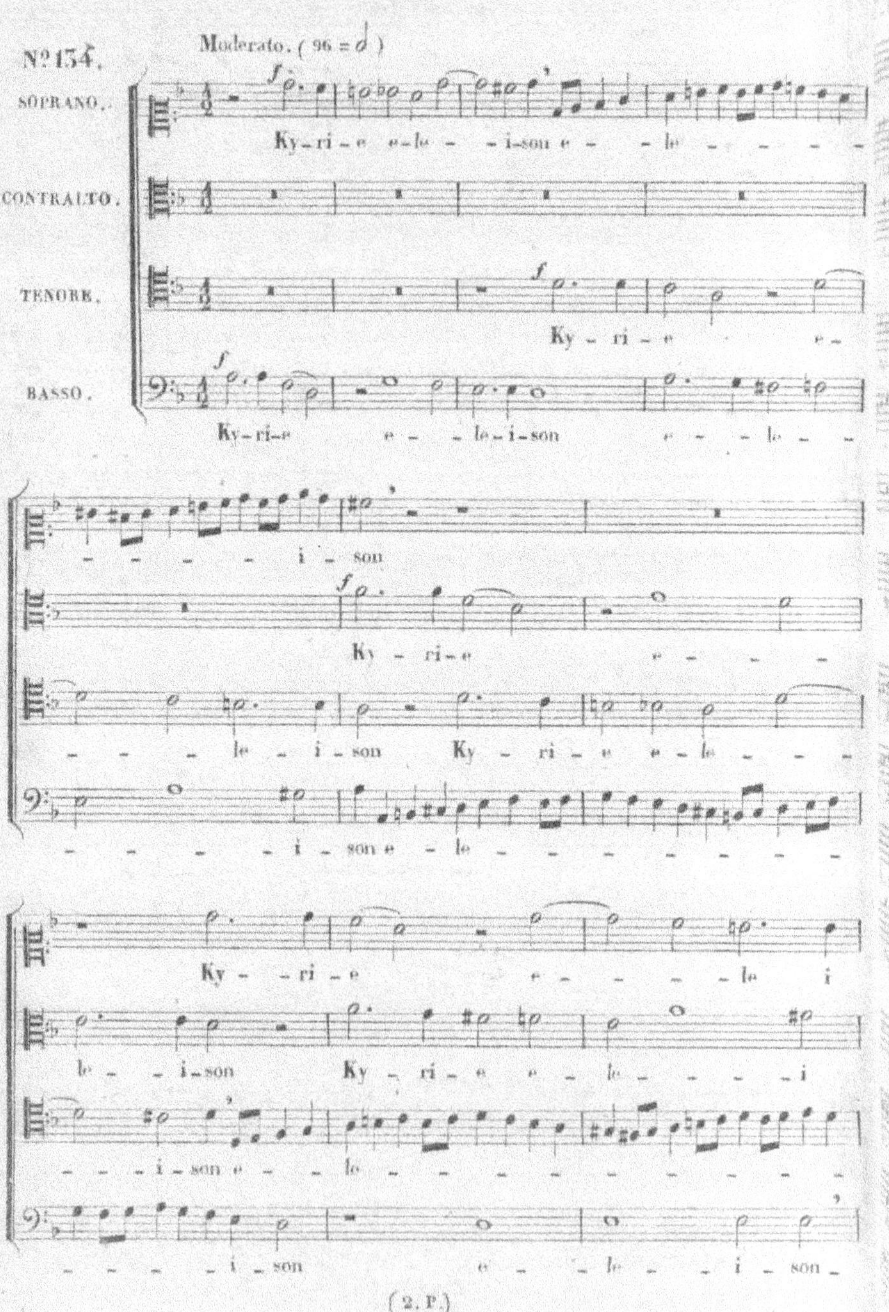
N° 134.
Moderato. (96 = 𝅗𝅥)
SOPRANO.
CONTRALTO.
TENORE.
BASSO.
Ky-ri-e e-le-i-son e-le-i-son
Ky-ri-e e-le-i-son
Ky-ri-e e-le-i-son
i-son e-le

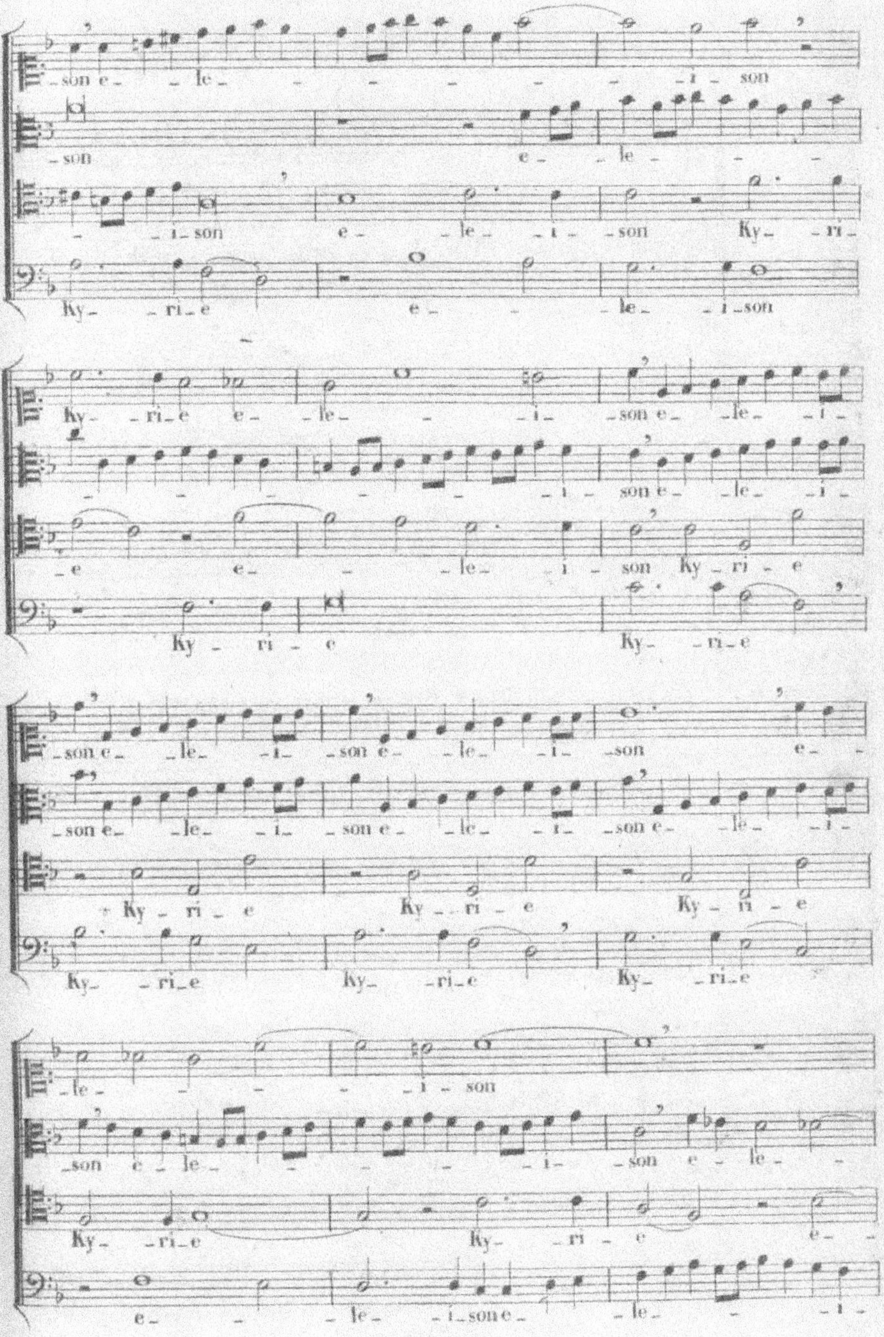

son e - le - - - - - - i - son
son e - le - - -
- i - son e - le - i - son Ky - ri -
Ky - ri - e e - - le - i - son

Ky - ri - e e - le - - i - son e - le - i -
- - - - - - - - i - son e - le - i -
e e - - le - i - son Ky - ri - e
Ky - ri - e Ky - ri - e

son e - le - i - son e - le - i - son e -
son e - le - i - son e - le - i - son e - le - i -
Ky - ri - e Ky - ri - e Ky - ri - e
Ky - ri - e Ky - ri - e Ky - ri - e

le - - - i - son
son e - le - - - - i - son e - le -
Ky - ri - e Ky - ri - e e -
e - - le - i - son e - le - - i -

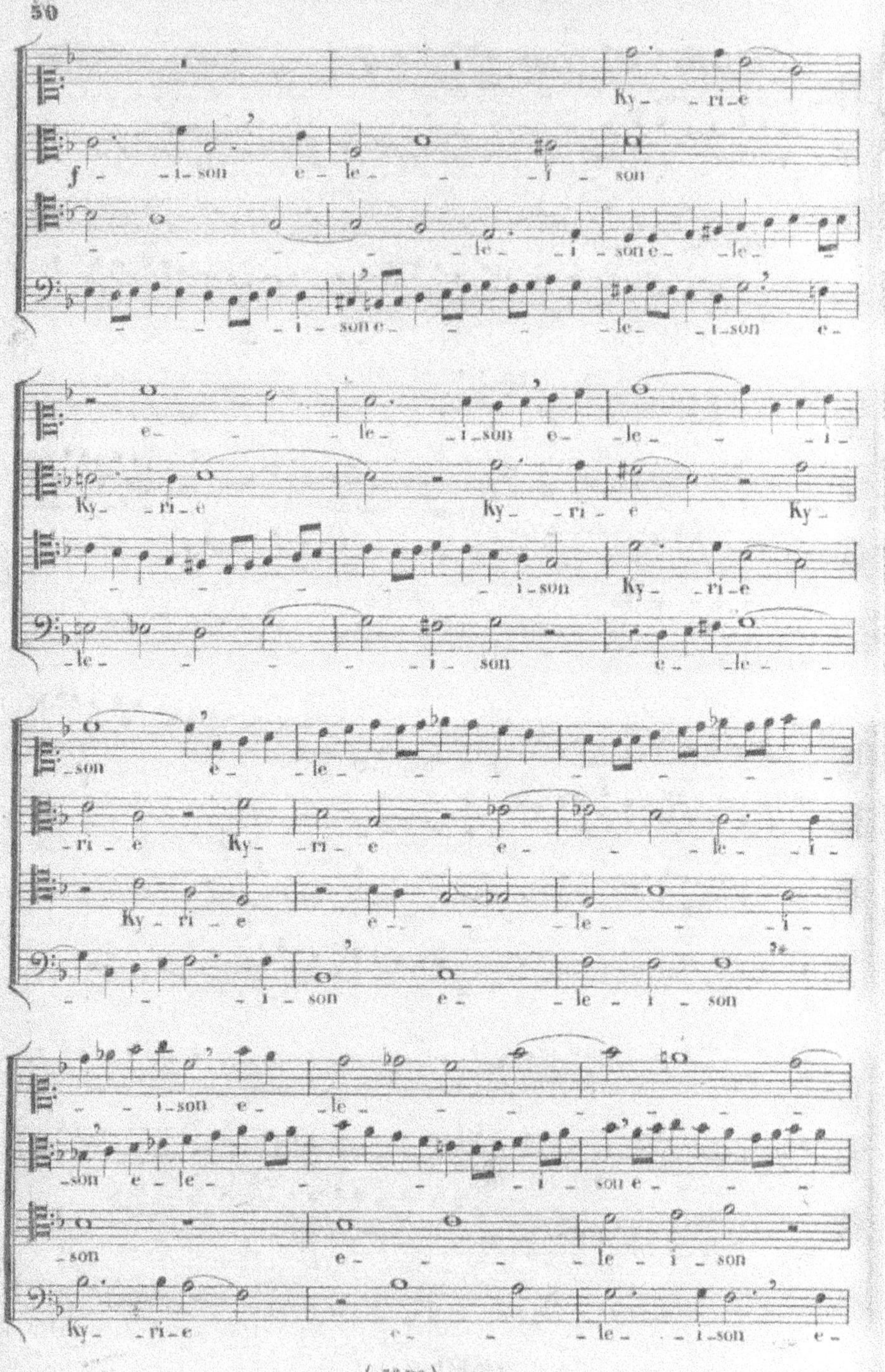
Ky_ _ri_e
f _ _i_son e_le_ _ _i _son
_ _ _ _ _le_ _i_son e_ _le_ _
_ _ _i_son e_ _ _ _le_ _i_son e_
e_ _ _le_ _i_son e_ _le_ _ _i_
Ky_ _ri_e Ky_ _ri_ e Ky_
_ _ _ _ _i_son Ky_ _ri_e
_le_ _ _ _ _i_ son e_ _le_ _
son e _le_ _ _ _ _ _ _ _
_ri_ e Ky_ _ri_ e e_ _ _le_ _i_
Ky_ri_ e e_ _ _le_ _ _i_
_ _ _i_ son e_ _le_ _i_ son
_ _i_son e_ _le_ _ _ _ _ _ _
_son e_le_ _ _ _ _i_ son e_ _ _
son e _ _le_ i_ son
Ky_ri_e e_ _ _le_ _i_son e_

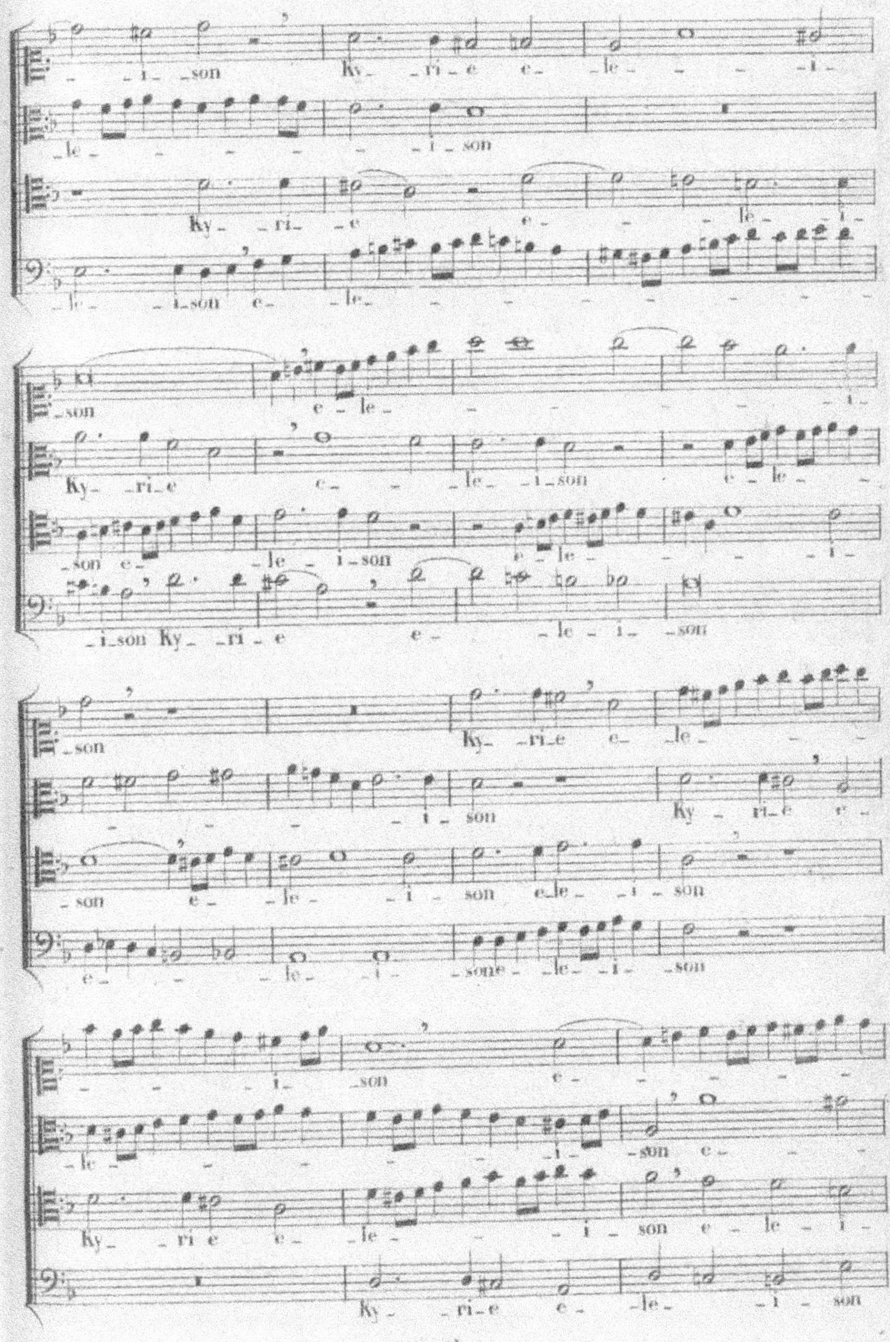

_ _ i _ _son Ky_ _ri _ e e_ _le_ _ _ _ i_
_le_ _ _ _ _ _ _ i _son
Ky_ _ri_ _e e_ _ _ le_ _ i_
_le_ _ i_son e_ _le_
_son e _ le_ _ _ _ _ i_
Ky_ _ri_e e_ _ _le_ _i_son e _ le_ _
son e _ _le _ i_son e_le_ _ _ _ i_
_i_son Ky_ _ri _ e e_ _le _ i_ _son
son Ky _ri_e e_ _le_ _ _
_ _ _ _ _ i _ son Ky_ _ ri_e e_
son e _le_ _ i _ son e_le_ _ i_son
e_ _ _ _le_ _ i_ _sone_ _le_ _i_ _son
_ _ _ i_ _son e_ _ _ _ _
_le_ _ _ _ _ _ i_ _son e_ _ _
Ky_ _ri e e_ _le_ _ _ i _ son e _ le _ i_
Ky_ _ri_e e_ _le_ _ i _ son

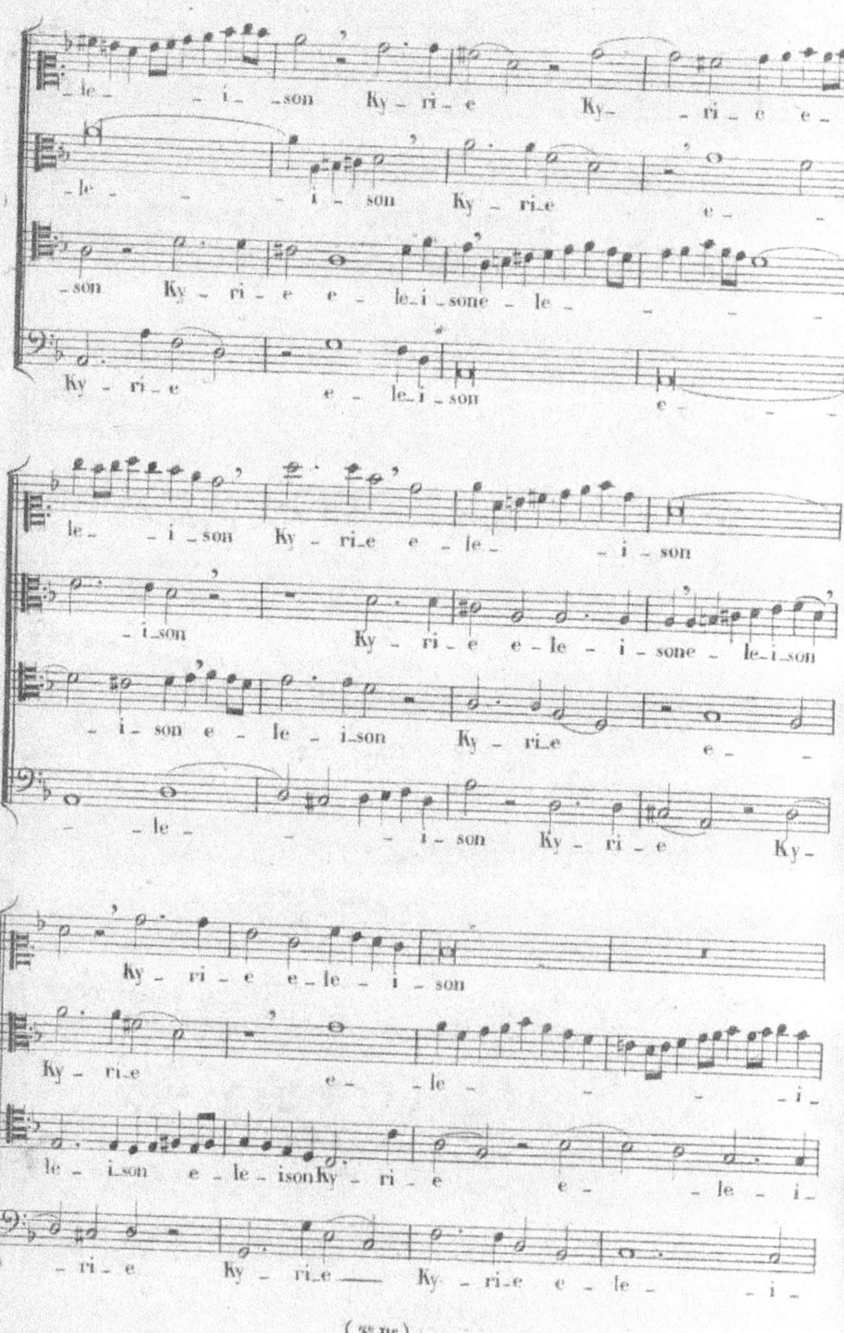
_le _ _ i _ _son Ky _ ri _ e Ky_ _ ri _ e e_
_le _ _ i _ son Ky _ ri_e e _ _
_son Ky _ ri _ e e _ le_i _sone _ le _ _ _ _
Ky _ ri _ e e _ le_i _son e _ _ _
le _ _ i _son Ky _ ri_e e _ le_ _ i _son
_i_son Ky _ ri _ e e _ le _ i _ sone _ le_i_son
_ i _ son e _ le _ i_son Ky _ ri_e e _ _
_ _le _ _ _ i _ son Ky _ ri _ e Ky_
Ky _ ri _ e e _ le _ i _ son
Ky _ ri_e e _ le _ _ _ _ i_
le _ i_son e _ le _ isonKy _ ri _ e e _ _ le _ i_
_ ri _ e Ky _ ri_e ___ Ky _ ri_e e _ le _ _ i _

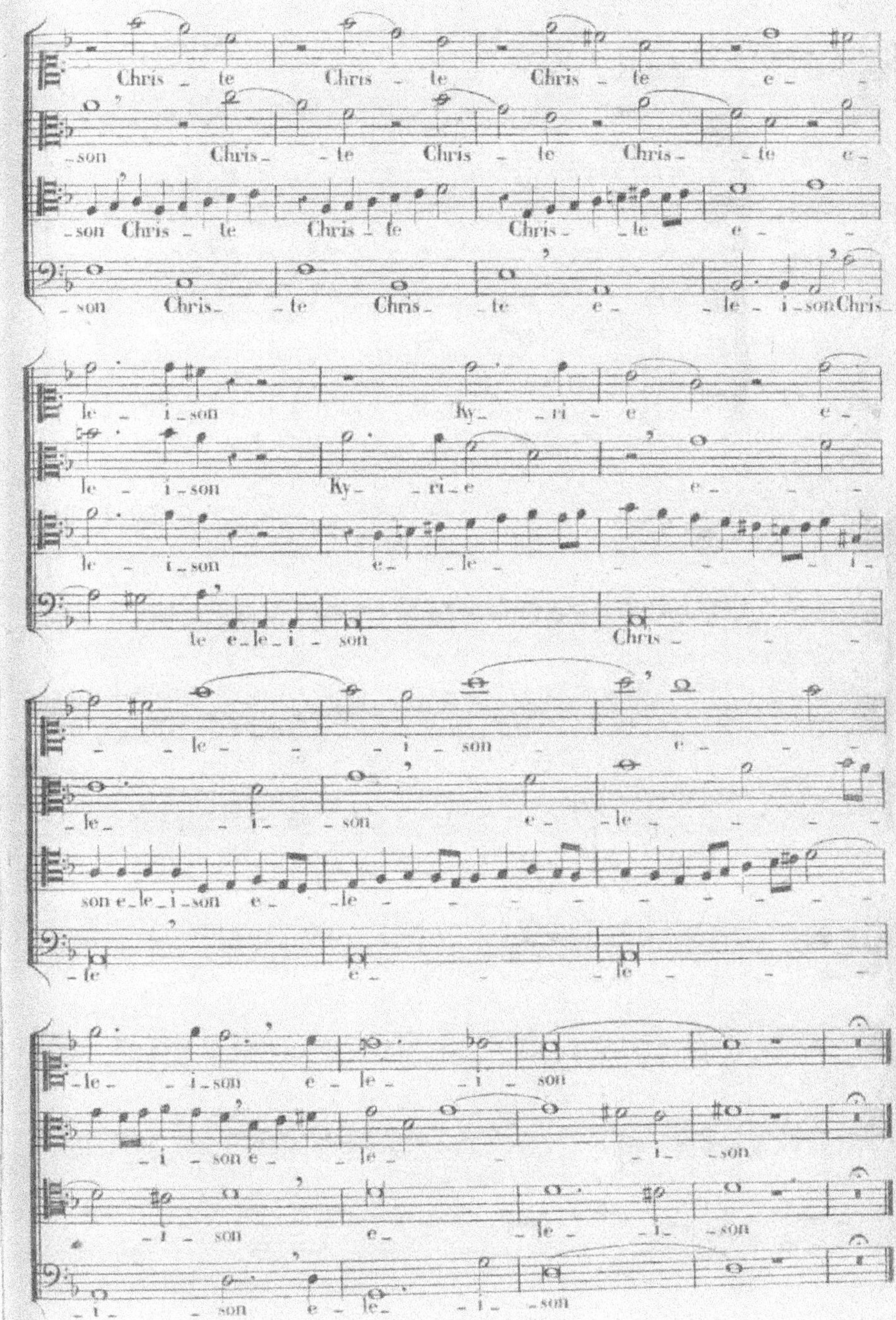
Chris _ te Chris _ te Chris _ te e _ _
_ son Chris _ _ te Chris _ te Chris _ _ te e _
_ son Chris _ te Chris _ te Chris _ le e _ _
_ son Chris _ _ te Chris _ _ te e _ _ le _ i _ son Chris _
le _ i _ son Ky _ ri _ e e _
le _ i _ son Ky _ ri _ e e _ _
le _ i _ son e _ le _ _ _ _ i _
te e _ le _ i _ son Chris _ _ _
_ _ le _ _ _ i _ son _ e _ _ _
_ le _ _ i _ son e _ le _ _ _ _
son e _ le _ i _ son e _ le _ _ _ _ _ _ _ _ _ _
_ te e _ _ le _ _ _
_ le _ _ i _ son e _ le _ _ i _ son
_ i _ son e _ _ le _ _ i _ son
_ i _ son e _ _ le _ i _ son
_ i _ _ son e _ le _ _ i _ son

(3e P.)

EXPOSITION D'UNE FUGUE

à 3 SUJETS RETOURNÉS.

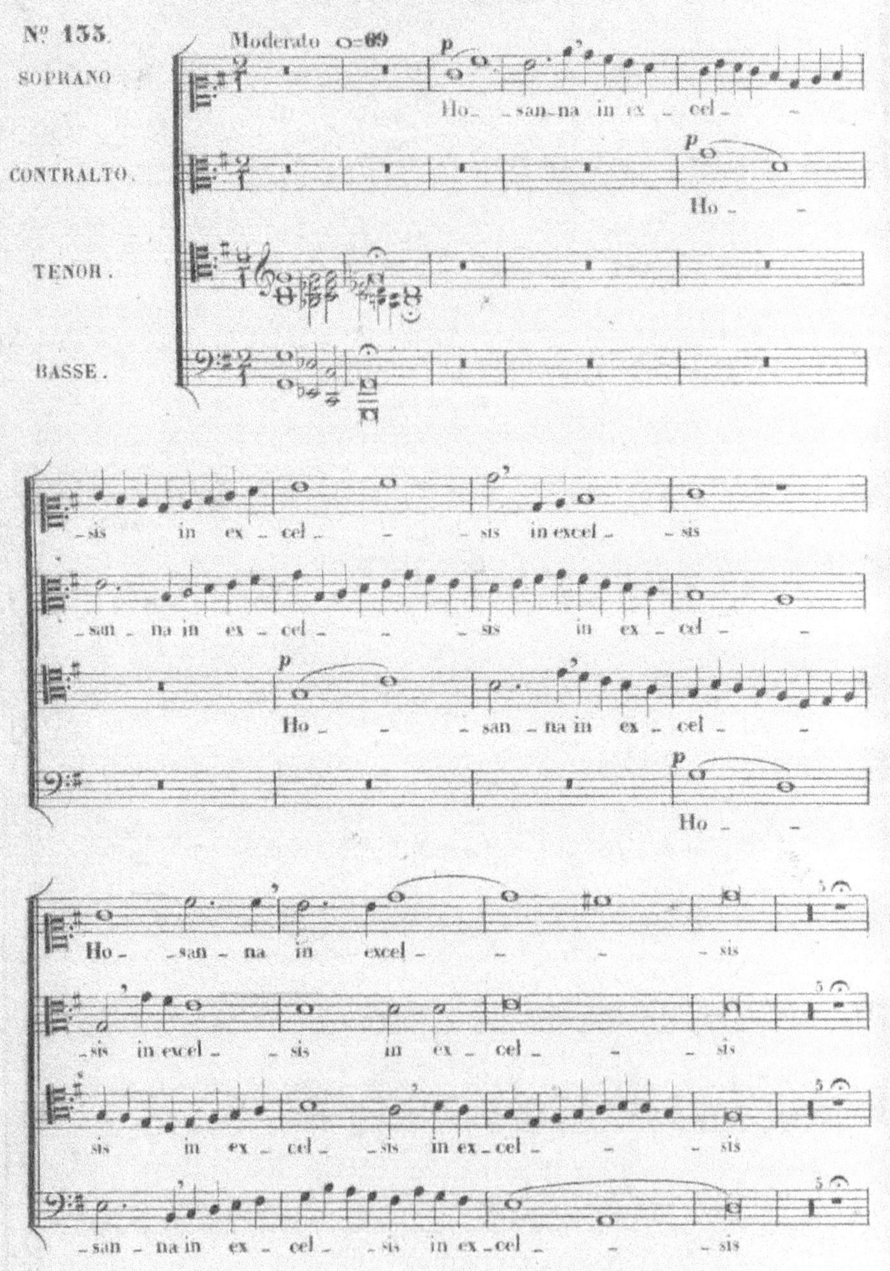

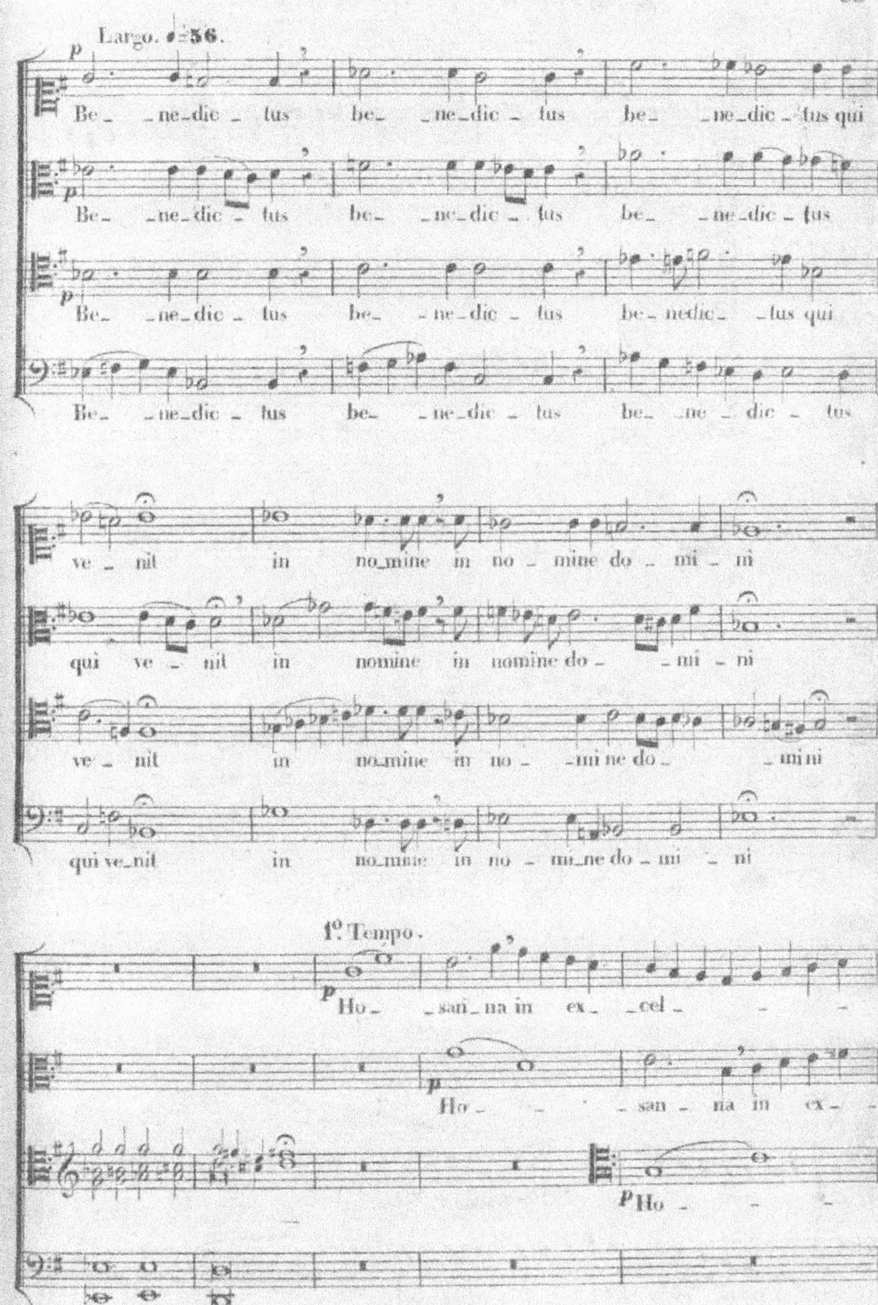
Largo. ♩=56.
Be_ _ne_dic_ _tus be_ _ne_dic_ _tus be_ _ne_dic_ _tus qui
Be_ _ne_dic_ _tus be_ _ne_dic_ _tus be_ _ne_dic_ _tus
Be_ _ne_dic_ _tus be_ _ne_dic_ _tus be_nedic_ _tus qui
Be_ _ne_dic_ _tus be_ _ne_dic_ _tus be_ _ne_ _dic_ _tus
ve_ _nit in no_mine in no_ _mine do_ _mi_ _ni
qui ve_ _nit in nomine in nomine do_ _mi_ _ni
ve_ _nit in no_mine in no_ _mi ne do_ _mini
qui ve_nit in no_mine in no_ _mi_ne do_ mi_ _ni
1º Tempo.
Ho_ _san_na in ex_ _cel_
Ho_ _san_ _na in ex_
Ho_

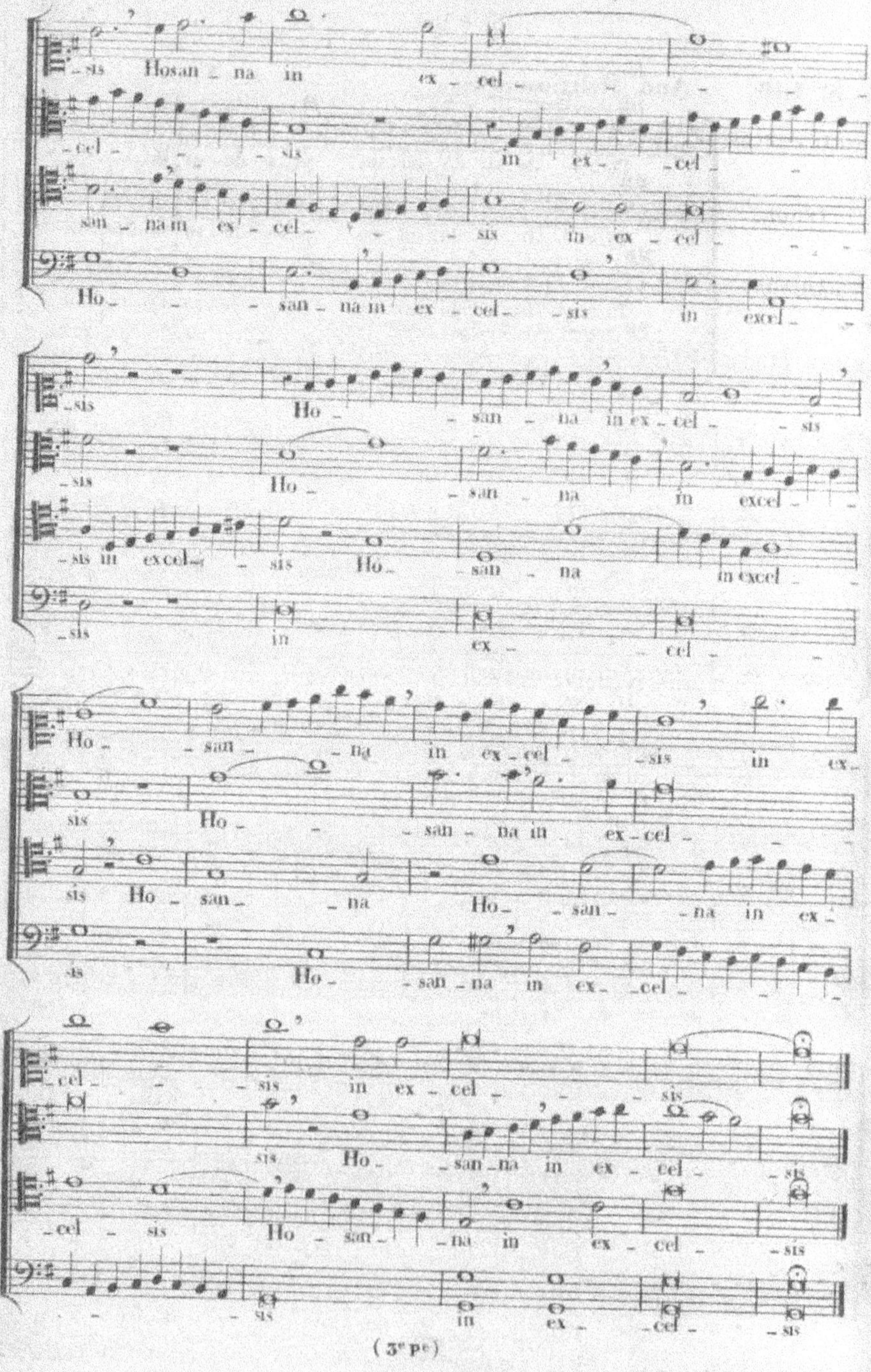
_sis Hosan _ na in ex _ cel _
_cel _ _ sis in ex _ _cel _
san _ na in ex _ cel _ _ sis in ex _ cel _
Ho _ _ san _ na in ex _ cel _ _ sis in excel _
_sis Ho _ _ san _ na in ex _ cel _ _ sis
_sis Ho _ _ san _ na in excel _
_sis in excel _ _ sis Ho _ _ san _ na in excel _
_sis in ex _ _ cel _
Ho _ _ san _ na in ex _ cel _ _ sis in ex _
sis Ho _ _ san _ na in ex _ cel _
sis Ho _ san _ _ na Ho _ _ san _ _ na in ex _
sis Ho _ _ san _ na in ex _ _ cel _
_ cel _ _ sis in ex _ cel _ _ sis
sis Ho _ _ san _ na in ex _ cel _ _ sis
_ cel _ sis Ho _ san _ _ na in ex _ cel _ _ sis
_ _ sis in ex _ _ cel _ _ sis

PIE, JESU.

à 4 Voix.

N° 136.

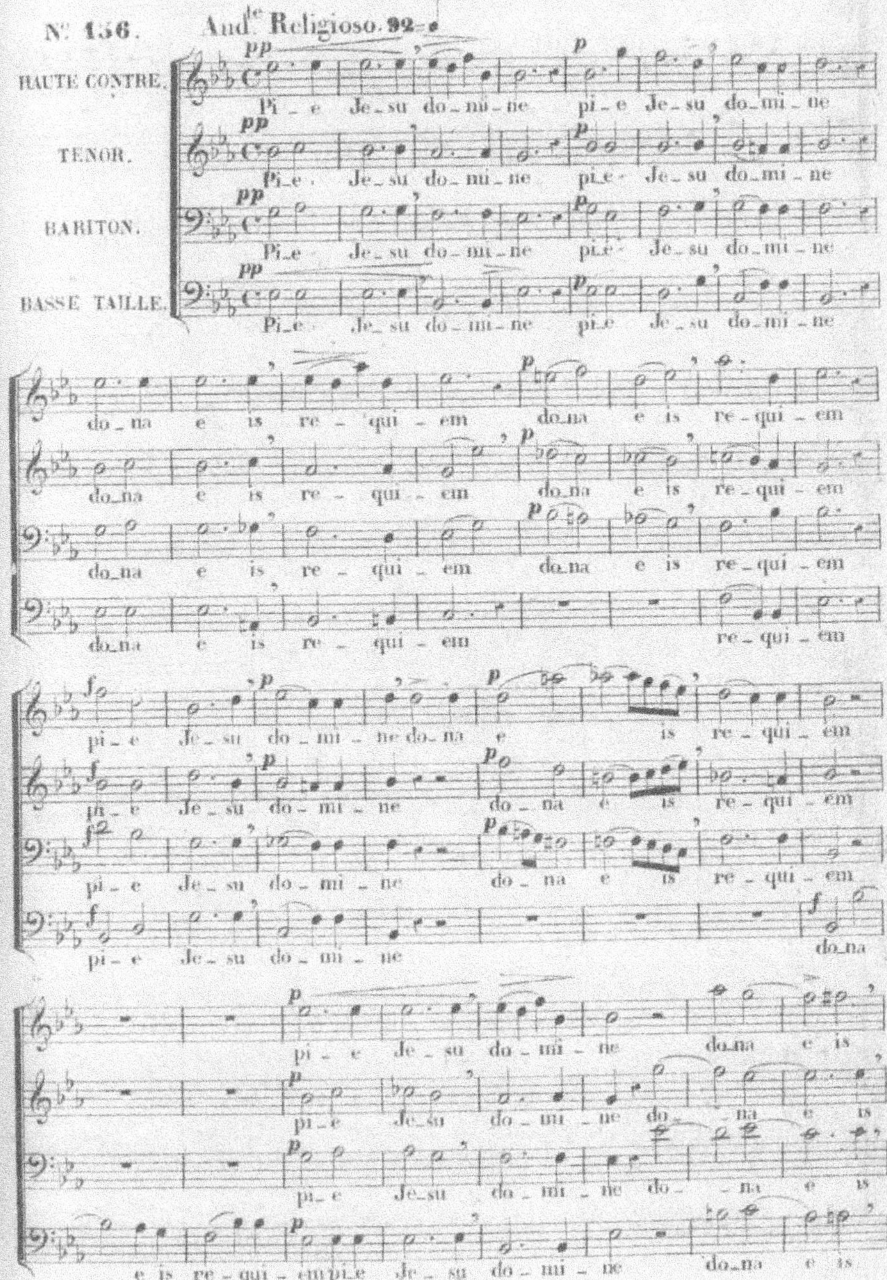

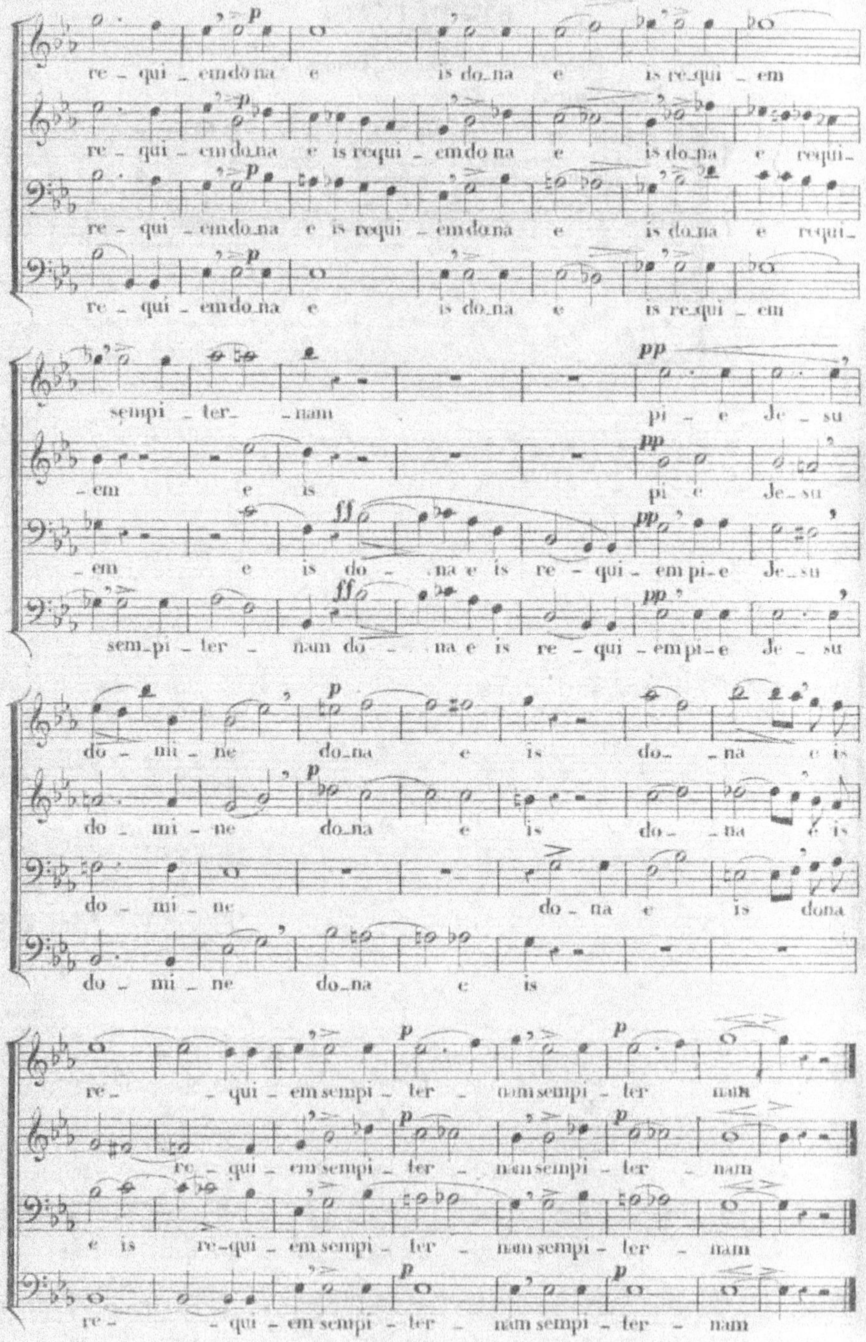

re - qui - em do na e is do_na e is re_qui - em

re - qui - em do_na e is requi - em do na e is do_na e requi-

re - qui - em do_na e is requi - em do_na e is do_na e requi_

re - qui - em do_na e is do_na e is re_qui - em

sempi - ter- - nam pi - e Je - su

-em e is pi e Je_su

-em e is do - na e is re - qui - em pi - e Je_su

sem_pi - ter - nam do - na e is re - qui - em pi - e Je - su

do - mi - ne do_na e is do_ - na e is

do - mi - ne do_na e is do_ - na e is

do - mi - ne do - na e is dona

do - mi - ne do_na e is

re - - qui - em sempi - ter - nam sempi - ter nam

re - qui - em sempi - ter - nam sempi - ter - nam

e is re - qui - em sempi - ter - nam sempi - ter - nam

re - - qui - em sempi - ter - nam sempi - ter - nam

BENEDICTUS

à 4 Voix

Pour Soprano, Contralto, Ténor et Basse.

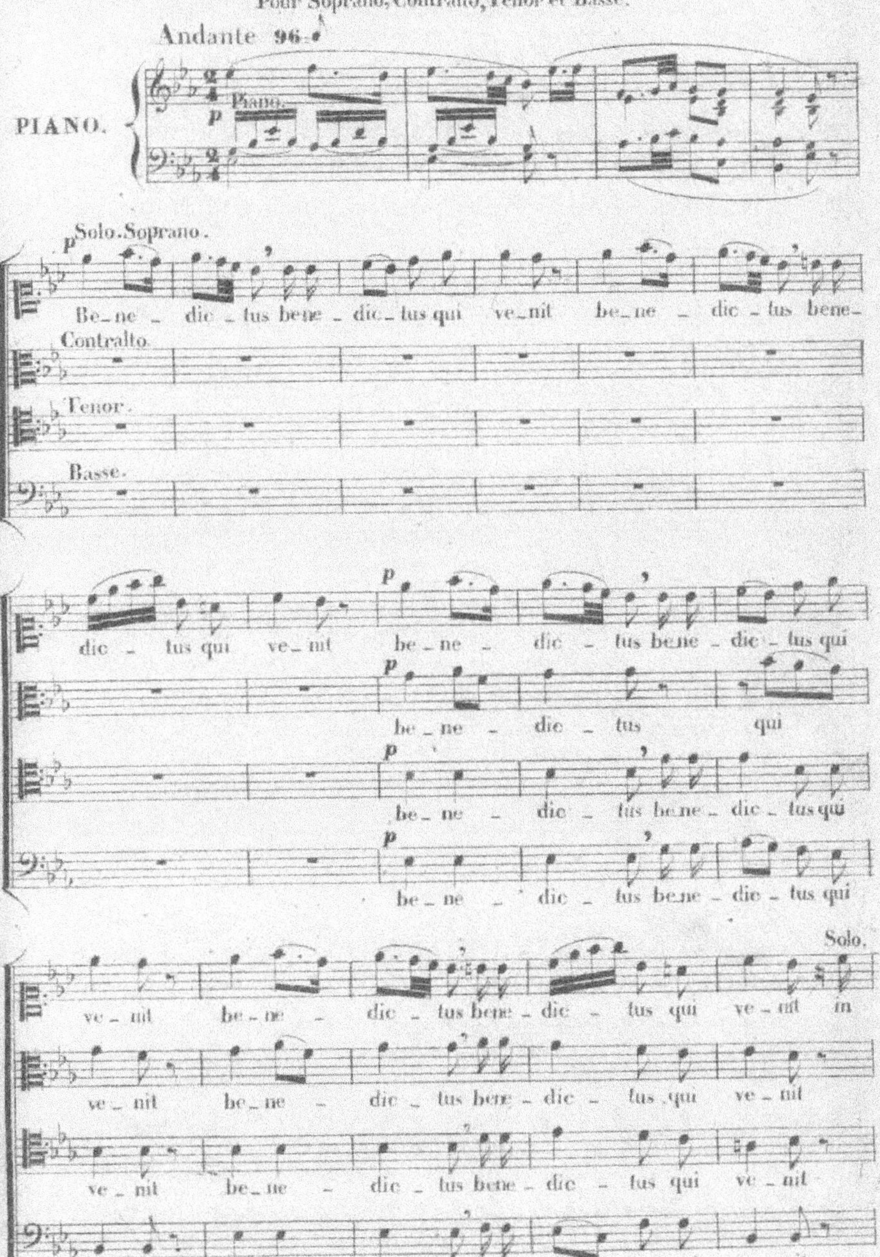

Les virgules indiquent les respirations (3e Pe)

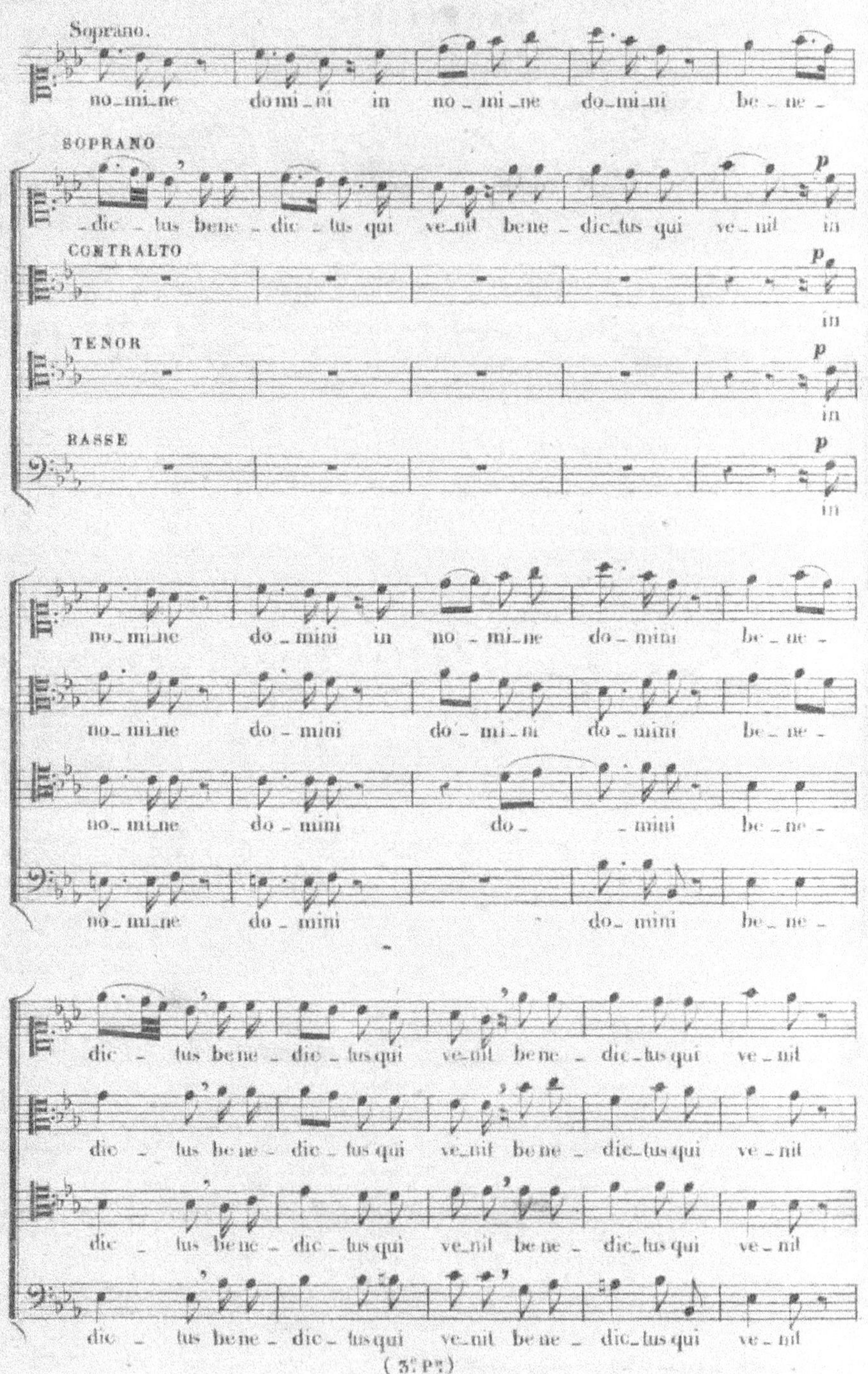
Soprano.
no_mi_ne domi_ni in no_mi_ne do_mi_ni be_ne_
SOPRANO
_dic_tus bene_dic_tus qui ve_nit bene_dic_tus qui ve_nit in
CONTRALTO
in
TENOR
in
BASSE
in
no_mi_ne do_mini in no_mi_ne do_mini be_ne_
no_mi_ne do_mini do_mi_ni do_mini be_ne_
no_mi_ne do_mini do_ _mini be_ne_
no_mi_ne do_mini do_mini be_ne_
dic_tus bene_dic_tus qui ve_nit bene_dic_tus qui ve_nit
dic_tus bene_dic_tus qui ve_nit bene_dic_tus qui ve_nit
dic_tus bene_dic_tus qui ve_nit bene_dic_tus qui ve_nit
dic_tus bene_dic_tus qui ve_nit bene_dic_tus qui ve_nit

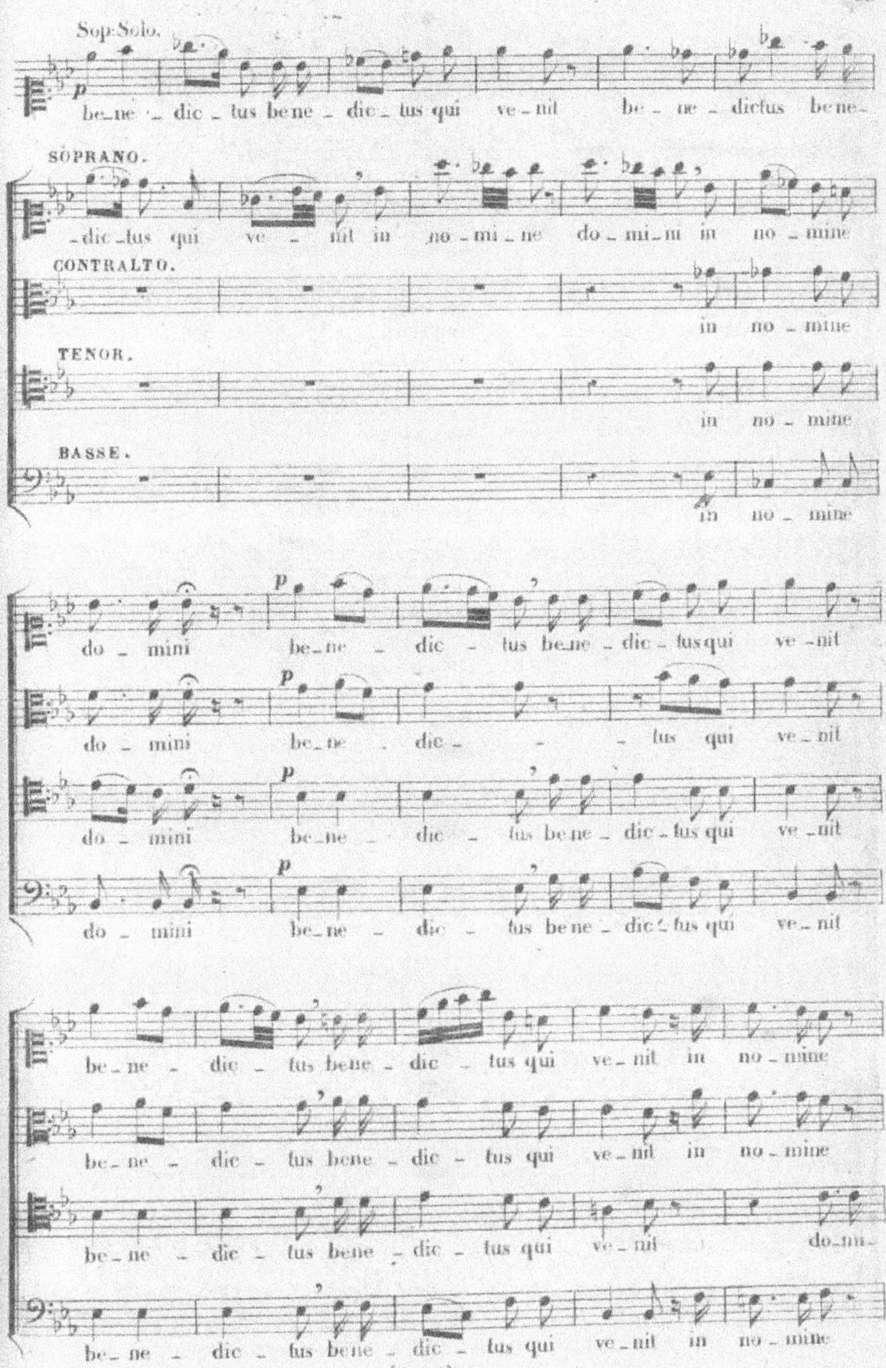
Sop: Solo.
p
be_ne _ dic _ tus bene _ dic_ tus qui ve _ nit be _ ne _ dictus bene-
SOPRANO.
_dic_tus qui ve _ nit in no _ mi_ne do_ mi_ni in no _ mine
CONTRALTO.
in no _ mine
TENOR.
in no _ mine
BASSE.
in no _ mine
do _ mini
p
be_ne _ dic _ tus be_ne _ dic_ tus qui ve _nit
do _ mini
p
be_ne _ dic_ _ _ tus qui ve_nit
do _ mini
p
be_ne _ dic _ tus be ne _ dic_tus qui ve _nit
do _ mini
p
be_ne _ dic _ tus be ne _ dic_tus qui ve_nit
be_ne _ dic _ tus bene _ dic _ tus qui ve_nit in no _ mine
be_ne _ dic _ tus bene _ dic _ tus qui ve_nit in no_mine
be_ne _ dic _ tus bene _ dic _ tus qui ve _nit do_mi-
be_ne _ dic _ tus bene _ dic _ tus qui ve_nit in no_mine

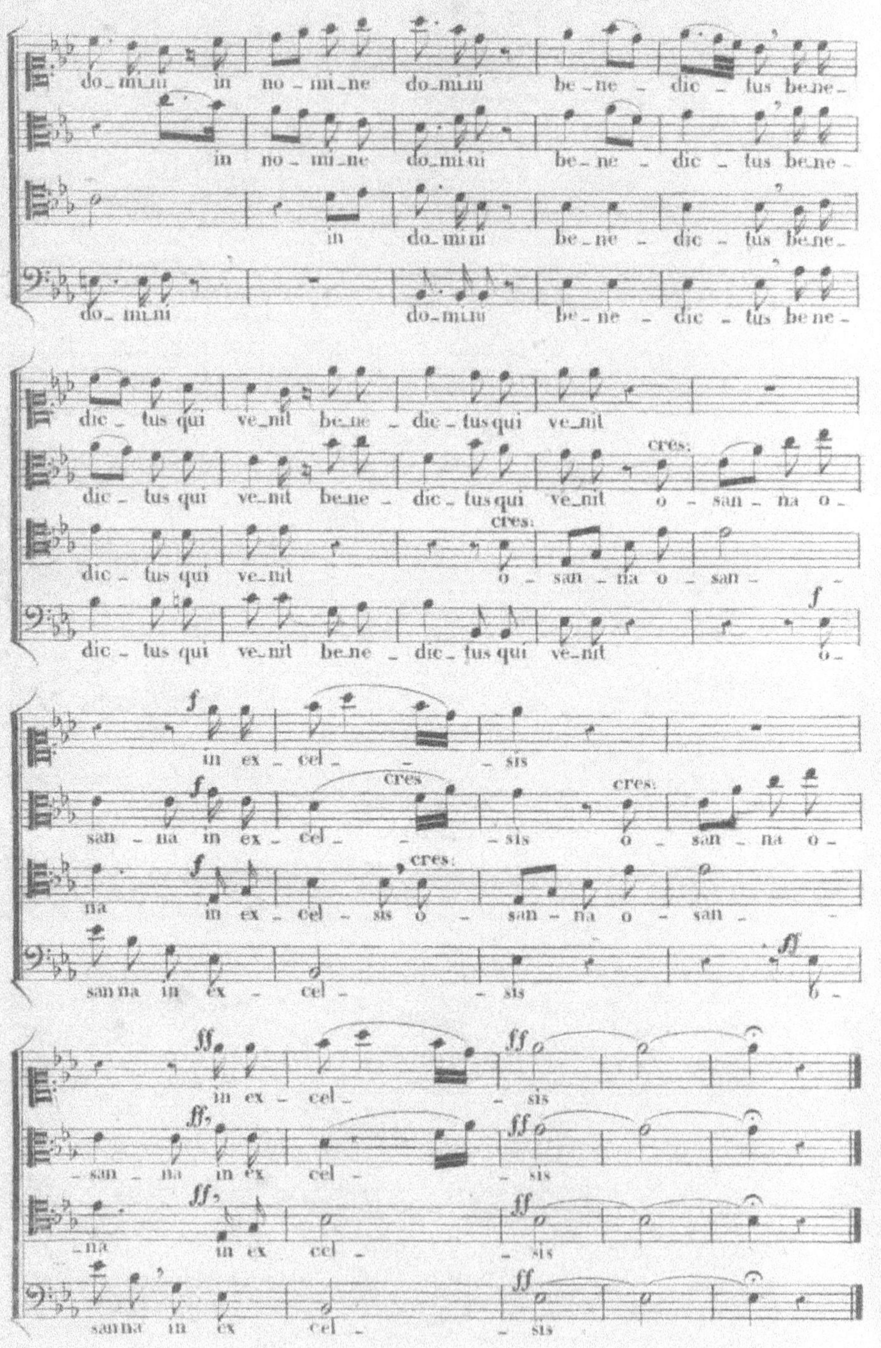
do_mi_ni in no_mi_ne do_mi_ni be_ne _ dic _ tus be_ne_
in no_mi_ne do_mi_ni be_ne _ dic _ tus be_ne_
in do_mi_ni be_ne _ dic _ tus be_ne_
do_mi_ni do_mi_ni be_ne _ dic _ tus be_ne_
dic _ tus qui ve_nit be_ne _ dic _ tus qui ve_nit
cres:
dic _ tus qui ve_nit be_ne _ dic _ tus qui ve_nit o _ san _ na o _
cres:
dic _ tus qui ve_nit o _ san _ na o _ san _
f
dic _ tus qui ve_nit be_ne _ dic _ tus qui ve_nit o _
f
in ex _ cel _ _ sis
f cres cres:
san _ na in ex _ cel _ _ sis o _ san _ na o _
f cres:
na in ex _ cel _ sis o _ san _ na o _ san _
ff
san na in ex _ cel _ _ sis o _
ff ff
in ex _ cel _ _ sis
ff ff
_ san _ na in ex cel _ _ sis
ff ff
_ na in ex cel _ _ sis
ff
san na in ex cel _ _ sis

DE PROFUNDIS

Chœur à 4 Voix.

Pour Soprano, Hautecontre, Tenor, et Basse.

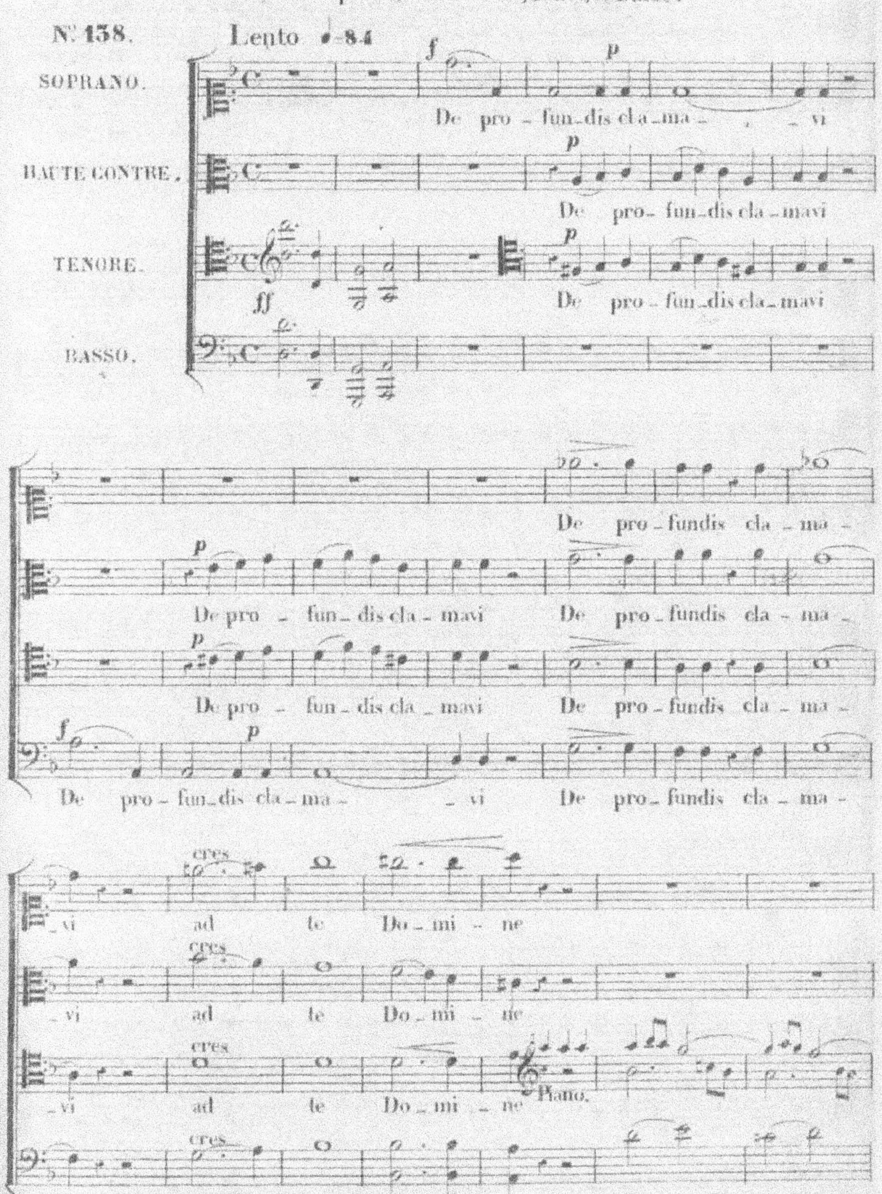

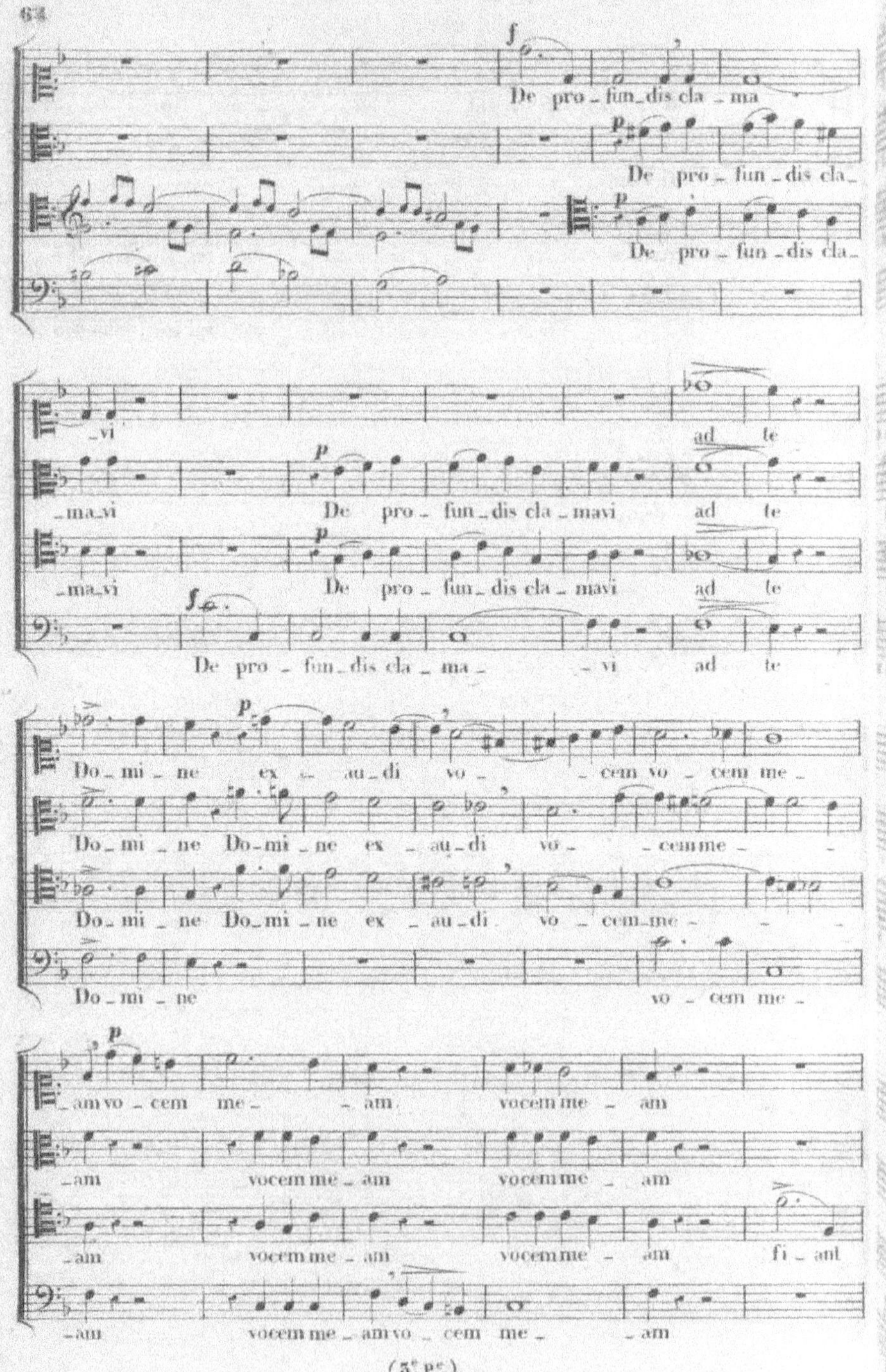
De pro_fun_dis cla_ma
De pro_fun_dis cla_
De pro_fun_dis cla_
_vi ad te
_ma_vi De pro_fun_dis cla_mavi ad te
_ma_vi De pro_fun_dis cla_mavi ad te
De pro_fun_dis cla_ma_ _vi ad te
Do_mi_ne ex_au_di vo_ _cem vo_cem me_
Do_mi_ne Do_mi_ne ex_au_di vo_ _cemme_
Do_mi_ne Do_mi_ne ex_au_di vo_cem_me_
Do_mi_ne vo_cem me_
_am vo_cem me_ _am vocem me_am
_am vocem me_am vocem me_am
_am vocem me_am vocem me_am fi_ant
_am vocem me_am vo_cem me_ _am

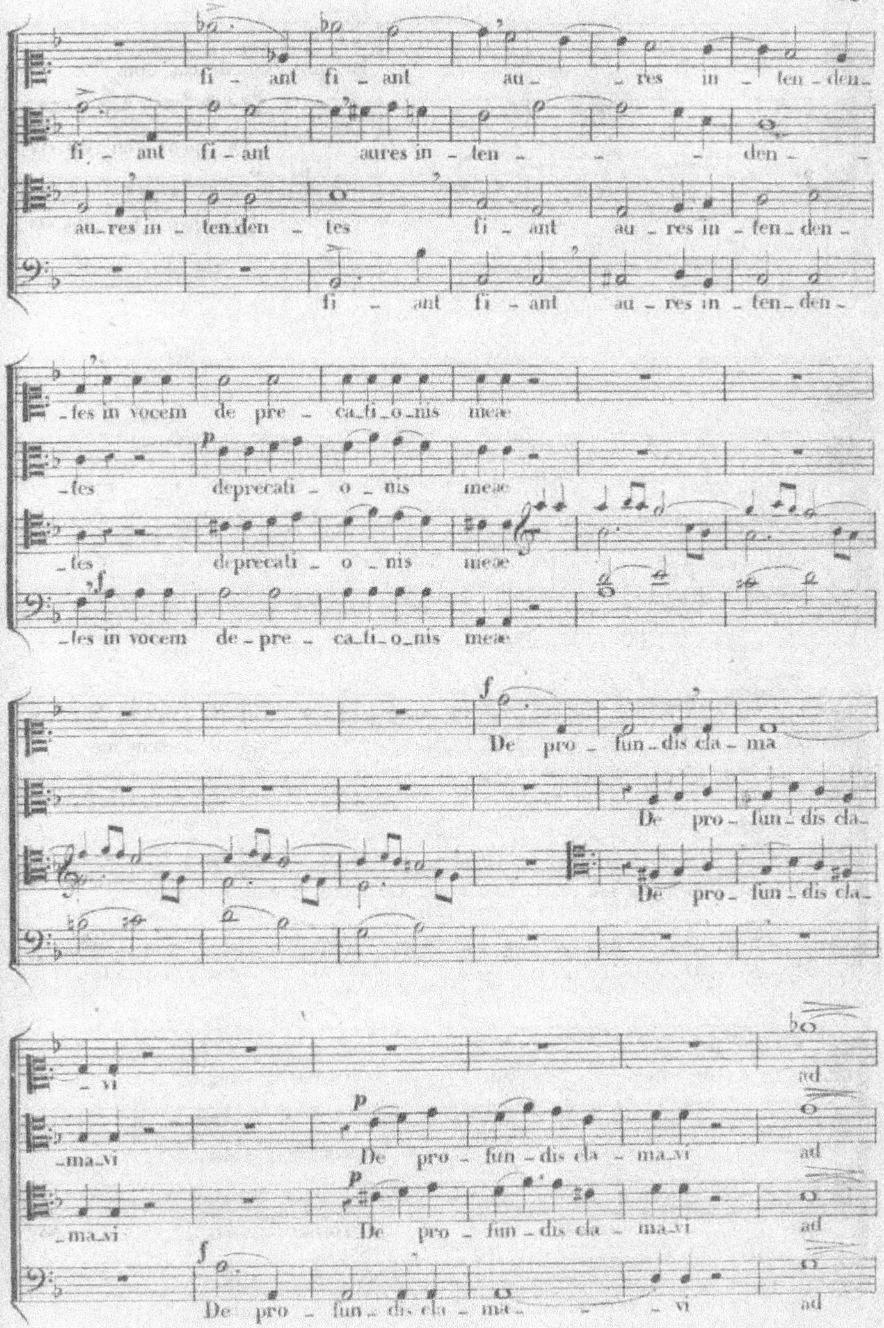

fi _ ant fi _ ant au _ _ res in _ ten _ den _
fi _ ant fi _ ant aures in _ ten _ _ _ den _ _
au _ res in _ ten den _ tes fi _ ant au _ res in _ ten _ den _
fi _ ant fi _ ant au _ res in _ ten _ den _

_ tes in vocem de pre _ ca _ ti _ o _ nis meæ
_ tes deprecati _ o _ nis meæ
_ tes deprecati _ o _ nis meæ
_ tes in vocem de _ pre _ ca _ ti _ o _ nis meæ

De pro _ fun _ dis cla _ ma
De pro _ fun _ dis cla _
De pro _ fun _ dis cla _

_ vi ad
_ ma _ vi De pro _ fun _ dis cla _ ma _ vi ad
_ ma _ vi De pro _ fun _ dis cla _ ma _ vi ad
De pro _ fun _ dis cla _ ma _ _ vi ad

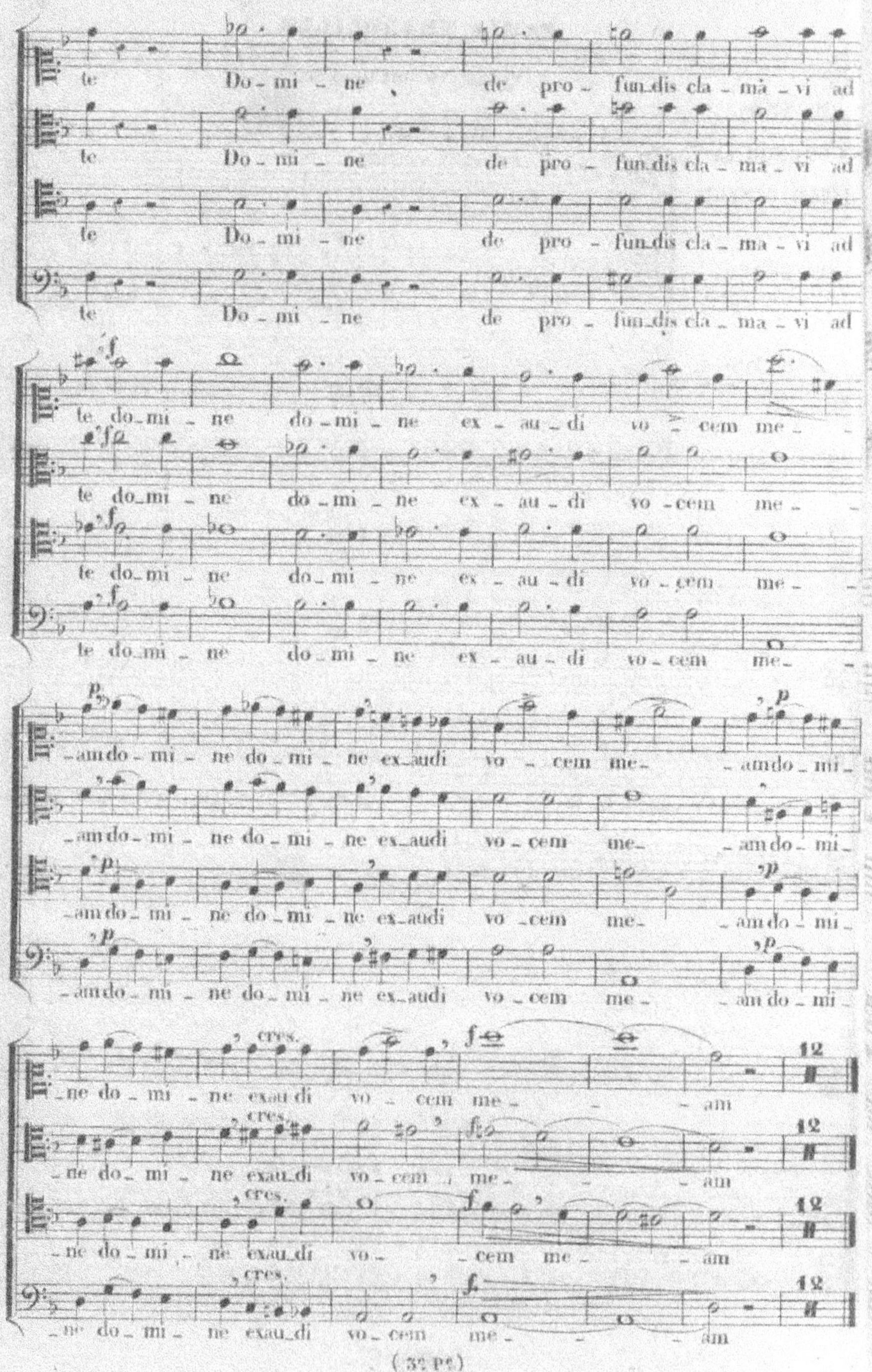
te Do - mi - ne de pro - fun dis cla - ma - vi ad
te Do - mi - ne de pro - fun dis cla - ma - vi ad
te Do - mi - ne de pro - fun dis cla - ma - vi ad
te Do - mi - ne de pro - fun dis cla - ma - vi ad
f
te do mi - ne do - mi - ne ex - au - di vo - cem me -
te do mi - ne do - mi - ne ex - au - di vo - cem me -
te do mi - ne do - mi - ne ex - au - di vo - cem me -
te do mi - ne do - mi - ne ex - au - di vo - cem me -
p
- am do - mi - ne do - mi - ne ex audi vo - cem me - - am do - mi -
- am do - mi - ne do - mi - ne ex audi vo - cem me - - am do - mi -
- am do - mi - ne do - mi - ne ex audi vo - cem me - - am do - mi -
- am do - mi - ne do - mi - ne ex audi vo - cem me - - am do - mi -
cres.
- ne do - mi - ne exau di vo - cem me - - am
- ne do - mi - ne exau di vo - cem me - - am
- ne do - mi - ne exau di vo - cem me - - am
- ne do - mi - ne exau di vo - cem me - - am
12
(3e Pt)

PARIS TRANQUILLE

CHŒUR A 4 VOIX D'HOMME.

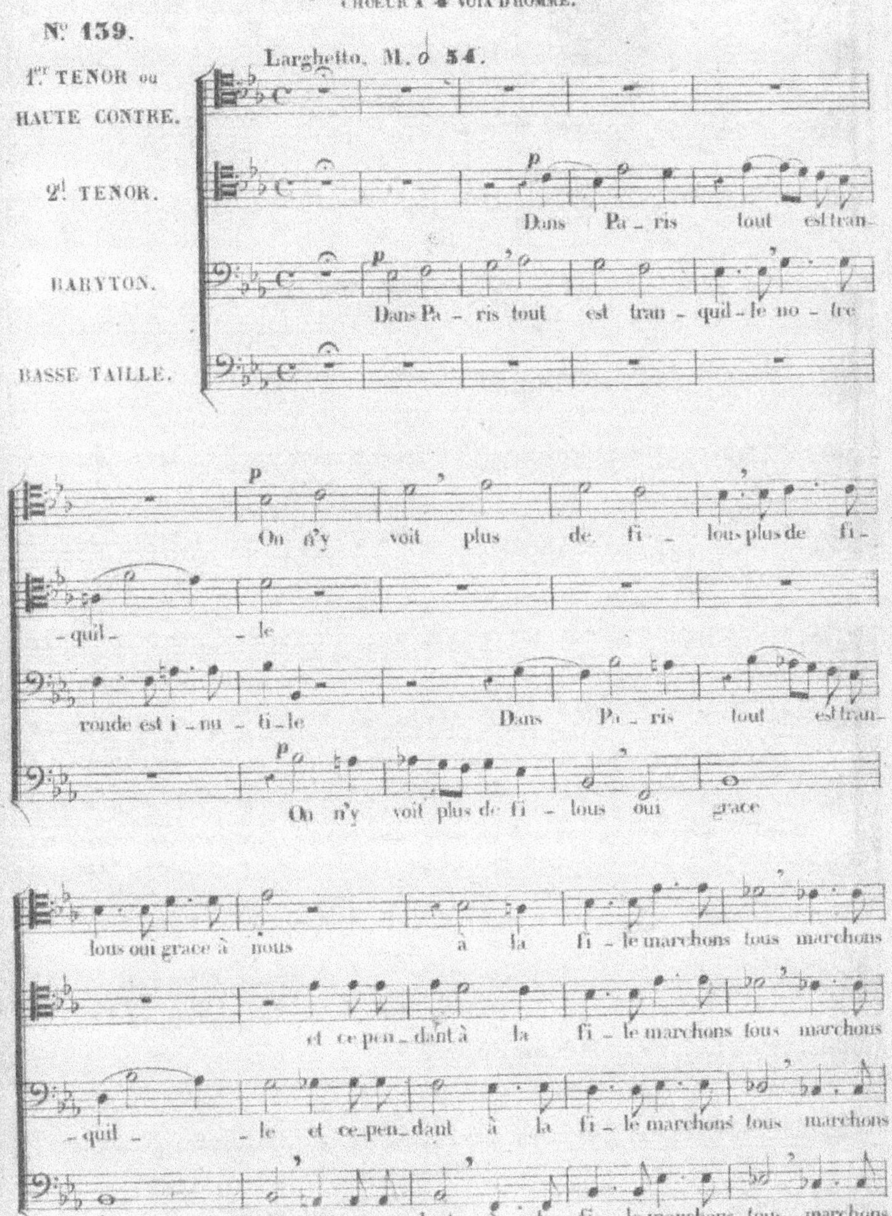

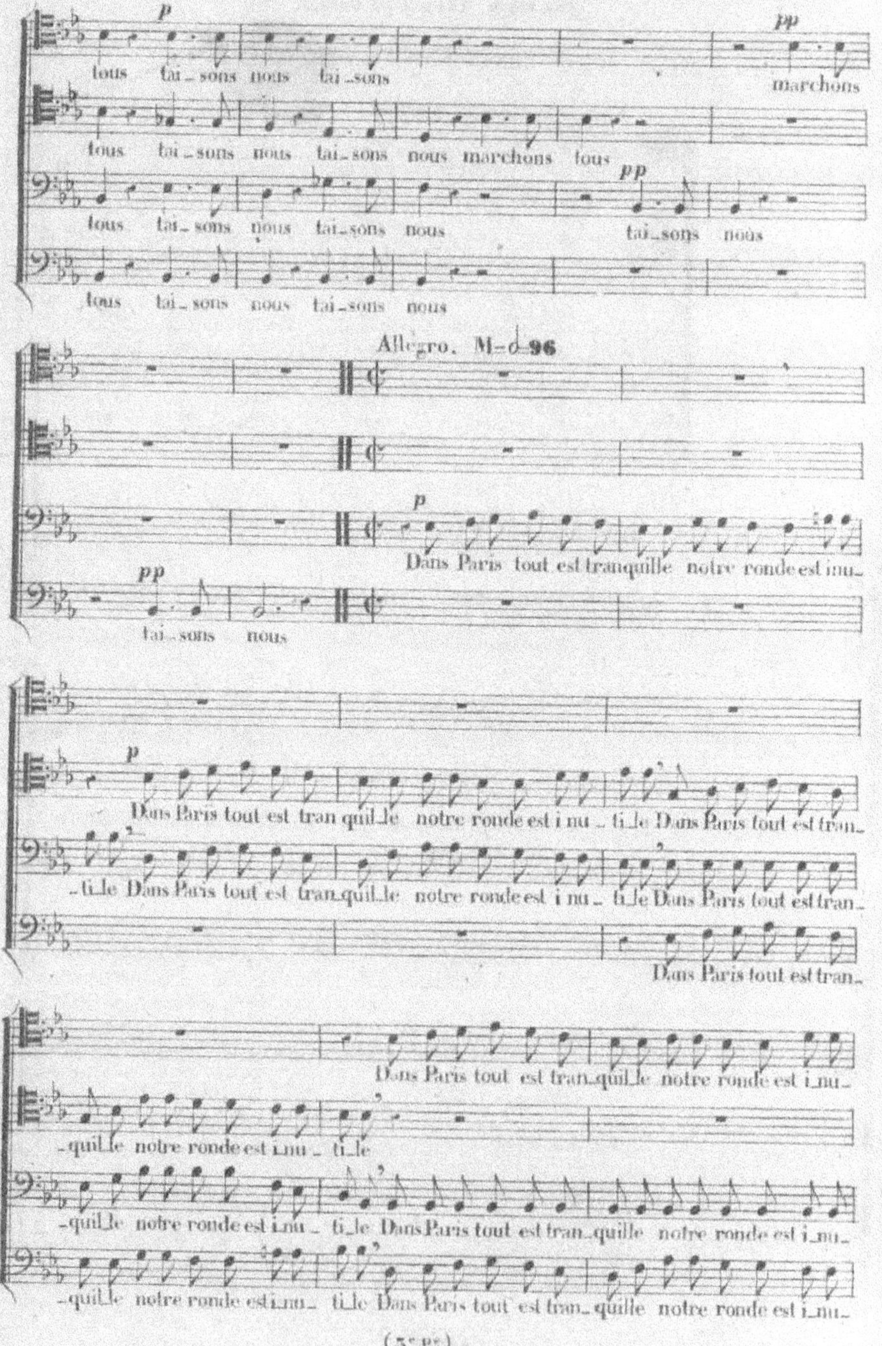
p
pp
tous tai_sons nous tai_sons
marchons
tous tai_sons nous tai_sons nous marchons tous
tous tai_sons nous tai_sons nous
tai_sons nous
tous tai_sons nous tai_sons nous
Allegro. M=𝅗𝅥 96
Dans Paris tout est tranquille notre ronde est inu_
tai_sons nous
Dans Paris tout est tran quil_le notre ronde est i nu _ ti_le Dans Paris tout est tran_
_ti_le Dans Paris tout est tran_quil_le notre ronde est i nu _ ti_le Dans Paris tout est tran_
Dans Paris tout est tran_
Dans Paris tout est tran_quil_le notre ronde est i_nu_
_quil_le notre ronde est i_nu _ ti_le
_quil_le notre ronde est i_nu _ ti_le Dans Paris tout est tran_quille notre ronde est i_nu_
_quil_le notre ronde est i_nu _ ti_le Dans Paris tout est tran_quille notre ronde est i_nu_

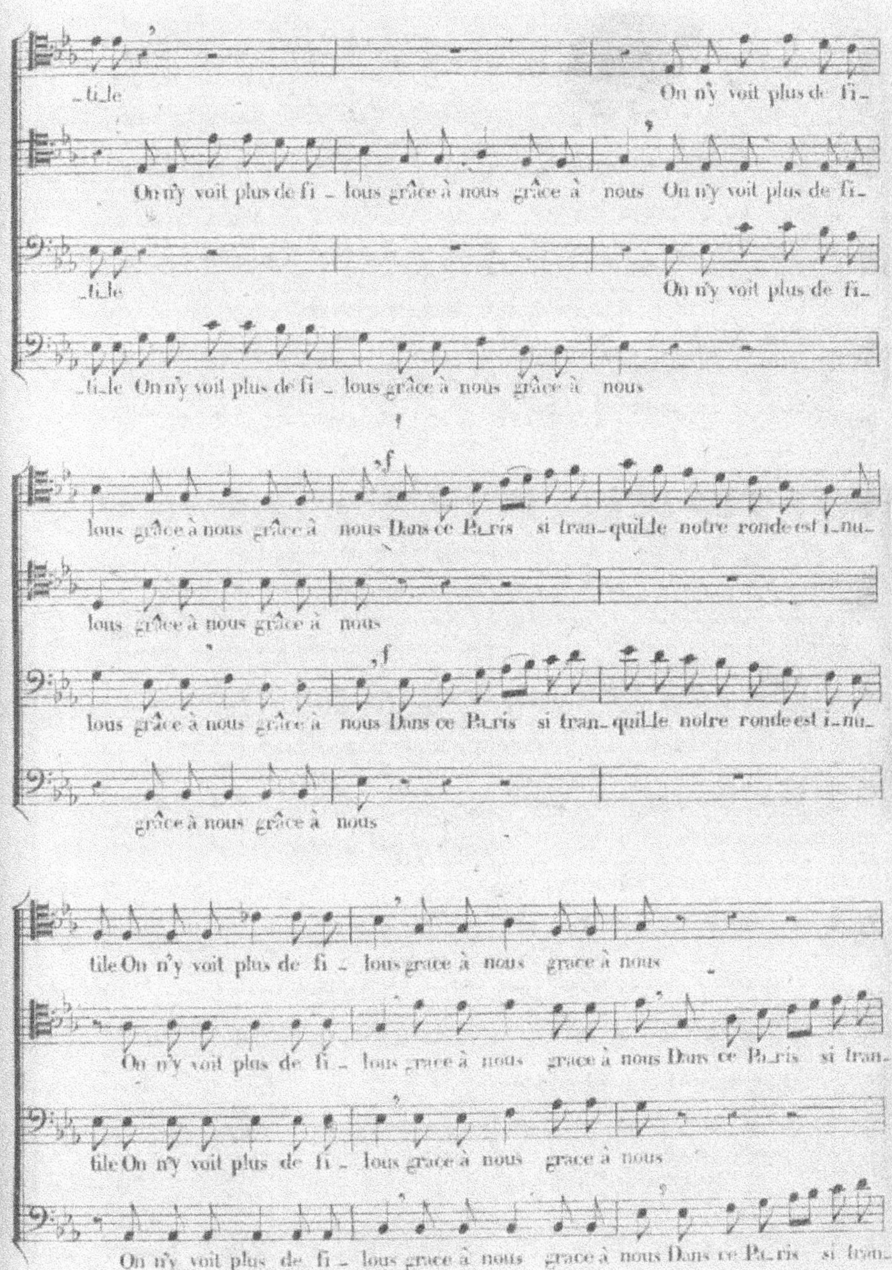
_ti_le
On n'y voit plus de fi_
On n'y voit plus de fi _ lous grâce à nous grâce à nous On n'y voit plus de fi_
_ti_le
On n'y voit plus de fi_
_ti_le On n'y voit plus de fi _ lous grâce à nous grâce à nous
lous grâce à nous grâce à nous Dans ce Pa_ris si tran_quil_le notre ronde est i_nu_
lous grâce à nous grâce à nous
lous grâce à nous grâce à nous Dans ce Pa_ris si tran_quil_le notre ronde est i_nu_
grâce à nous grâce à nous
tile On n'y voit plus de fi _ lous grace à nous grace à nous
On n'y voit plus de fi_ lous grace à nous grace à nous Dans ce Pa_ris si tran_
tile On n'y voit plus de fi_ lous grace à nous grace à nous
On n'y voit plus de fi _ lous grace à nous grace à nous Dans ce Pa_ris si tran_

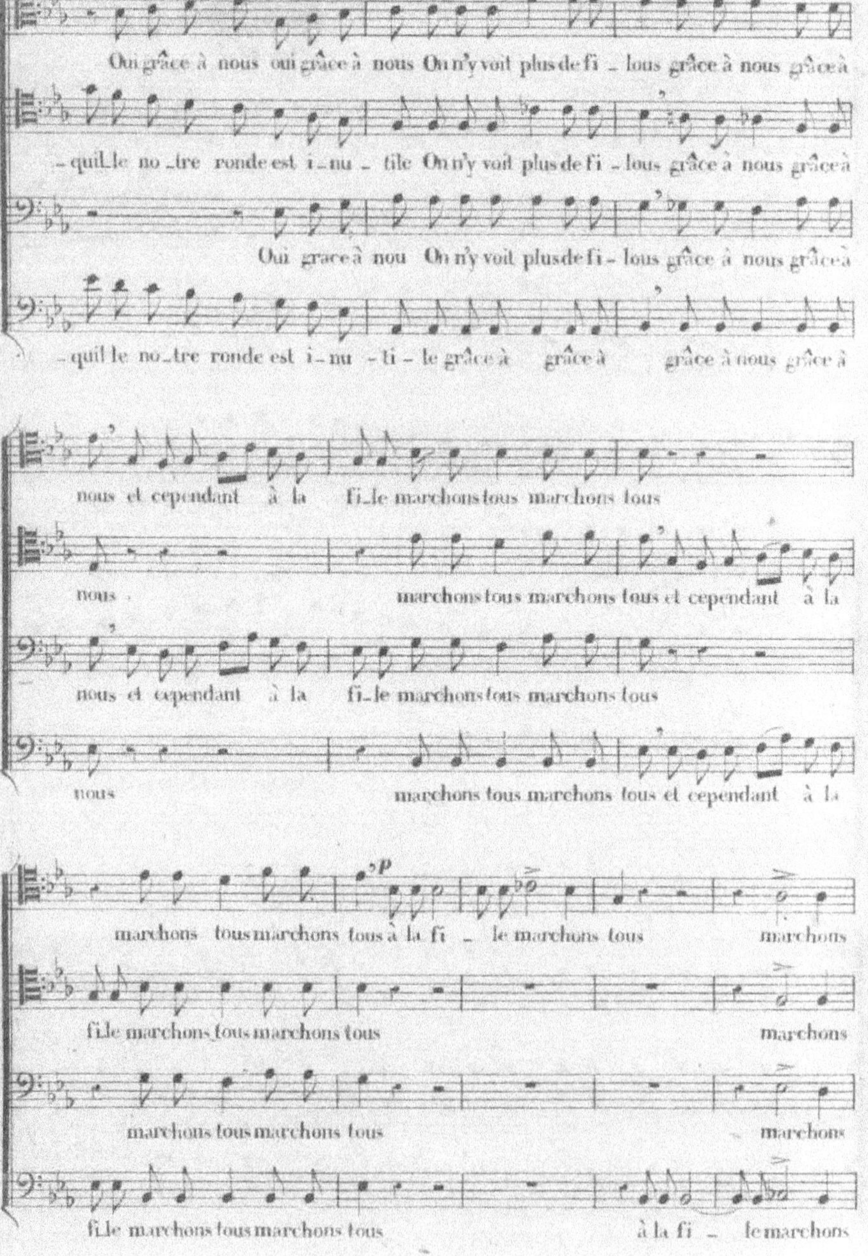
Oui grâce à nous oui grâce à nous On n'y voit plus de fi _ lous grâce à nous grâce à
_quil_le no _tre ronde est i_nu _ tile On n'y voit plus de fi _lous grâce à nous grâce à
Oui grace à nou On n'y voit plus de fi_lous grâce à nous grâce à
_quil le no_tre ronde est i_nu _ti _ le grâce à grâce à grâce à nous grâce à
nous et cependant à la fi_le marchons tous marchons tous
nous marchons tous marchons tous et cependant à la
nous et cependant à la fi_le marchons tous marchons tous
nous marchons tous marchons tous et cependant à la
marchons tous marchons tous à la fi _ le marchons tous marchons
fi_le marchons tous marchons tous marchons
marchons tous marchons tous marchons
fi_le marchons tous marchons tous à la fi _ le marchons

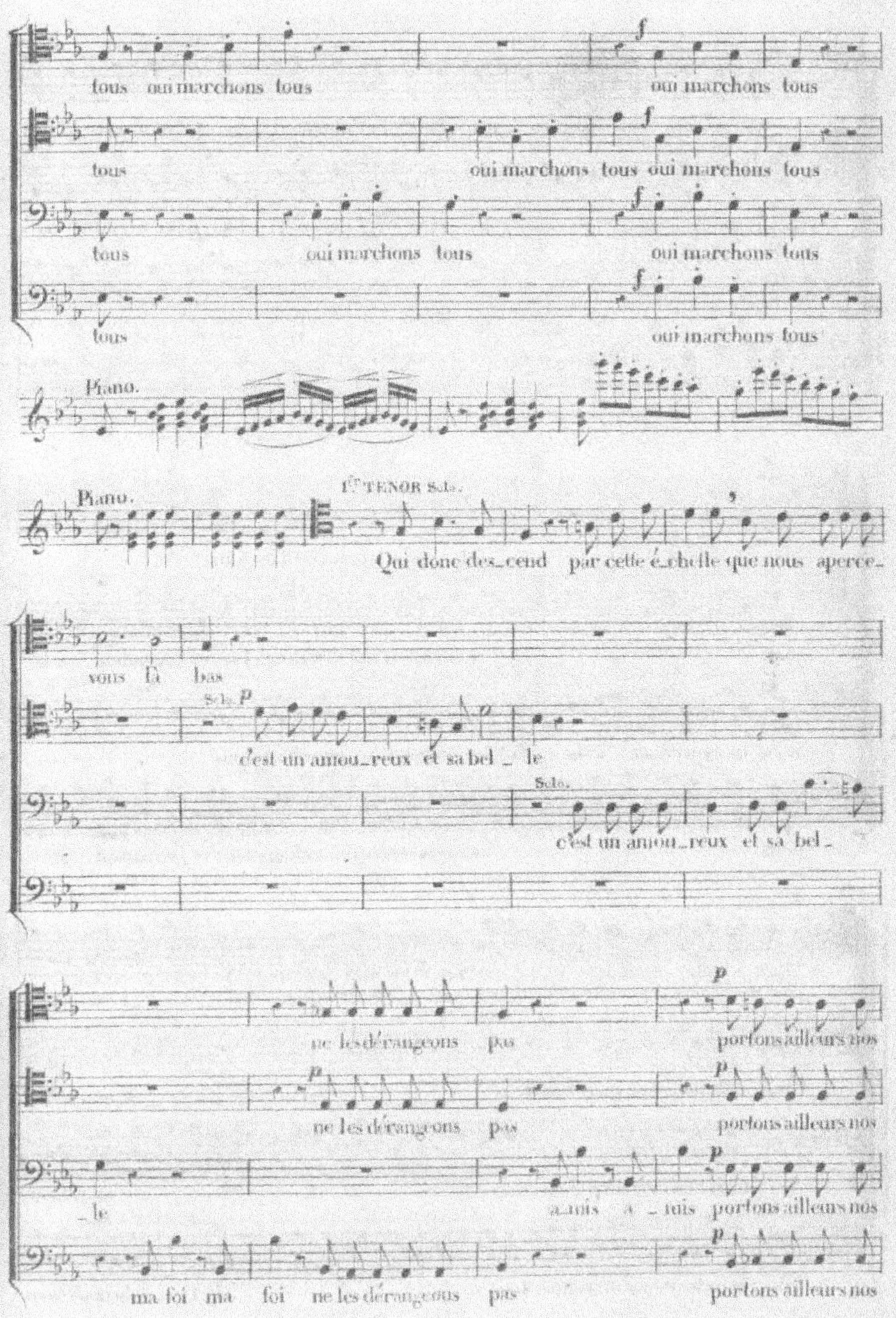
tous oui marchons tous
oui marchons tous
tous
oui marchons tous oui marchons tous
tous
oui marchons tous
oui marchons tous
tous
oui marchons tous
Piano.
Piano.
1er TENOR Solo.
Qui donc des_cend par cette é_chelle que nous aperce_
vons là bas
Solo. p
c'est un amou_reux et sa bel_le
Solo.
c'est un amou_reux et sa bel_
ne les dérangeons pas
portons ailleurs nos
ne les dérangeons pas
portons ailleurs nos
_le
a_mis a_mis portons ailleurs nos
ma foi ma foi ne les dérangeons pas
portons ailleurs nos

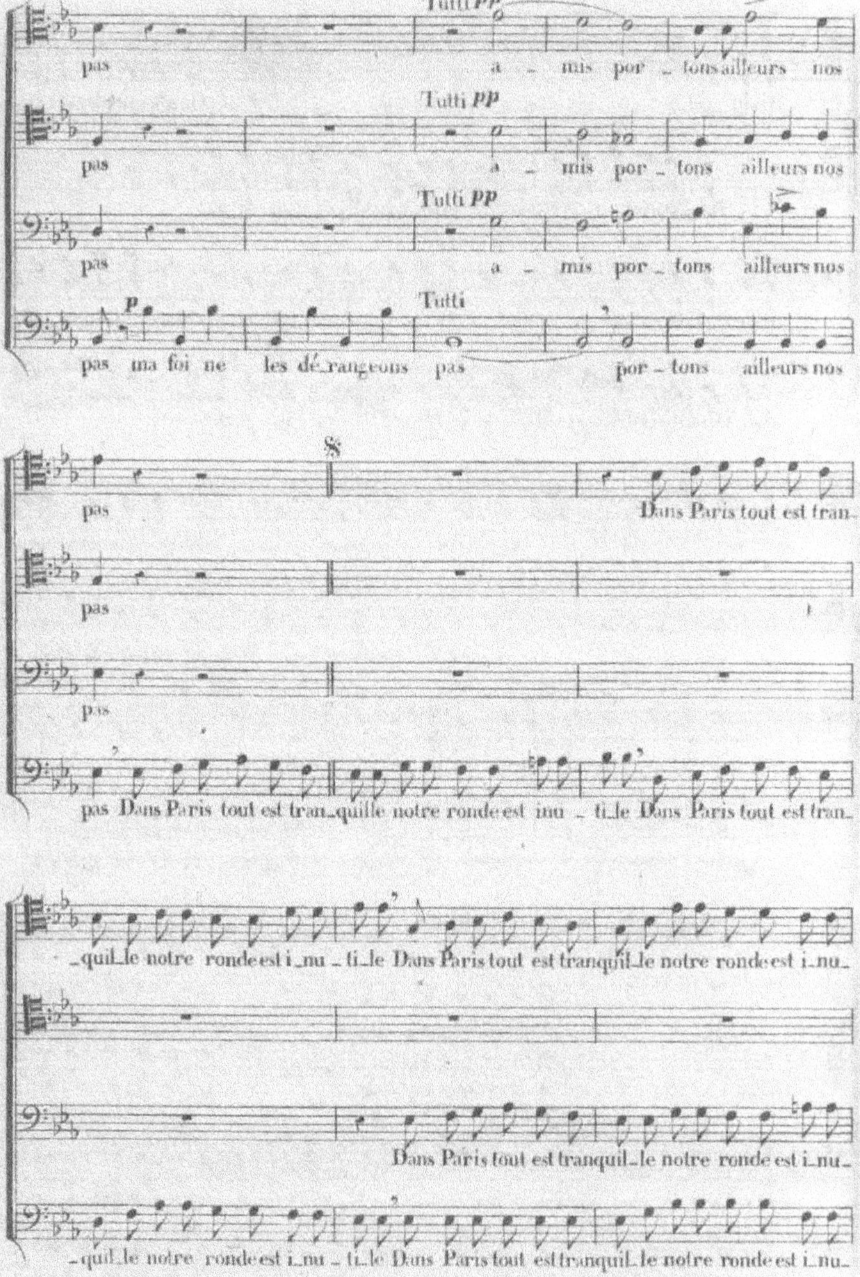
Tutti pp
pas a _ mis por _ tons ailleurs nos
Tutti pp
pas a _ mis por _ tons ailleurs nos
Tutti pp
pas a _ mis por _ tons ailleurs nos
p
Tutti
pas ma foi ne les dé_rangeons pas por _ tons ailleurs nos
pas Dans Paris tout est tran_
pas
pas
pas Dans Paris tout est tran_quille notre ronde est inu _ ti_le Dans Paris tout est tran_
_quil_le notre ronde est i_nu _ ti_le Dans Paris tout est tranquil_le notre ronde est i_nu_
Dans Paris tout est tranquil_le notre ronde est i_nu_
_quil_le notre ronde est i_nu _ ti_le Dans Paris tout est tranquil_le notre ronde est i_nu_

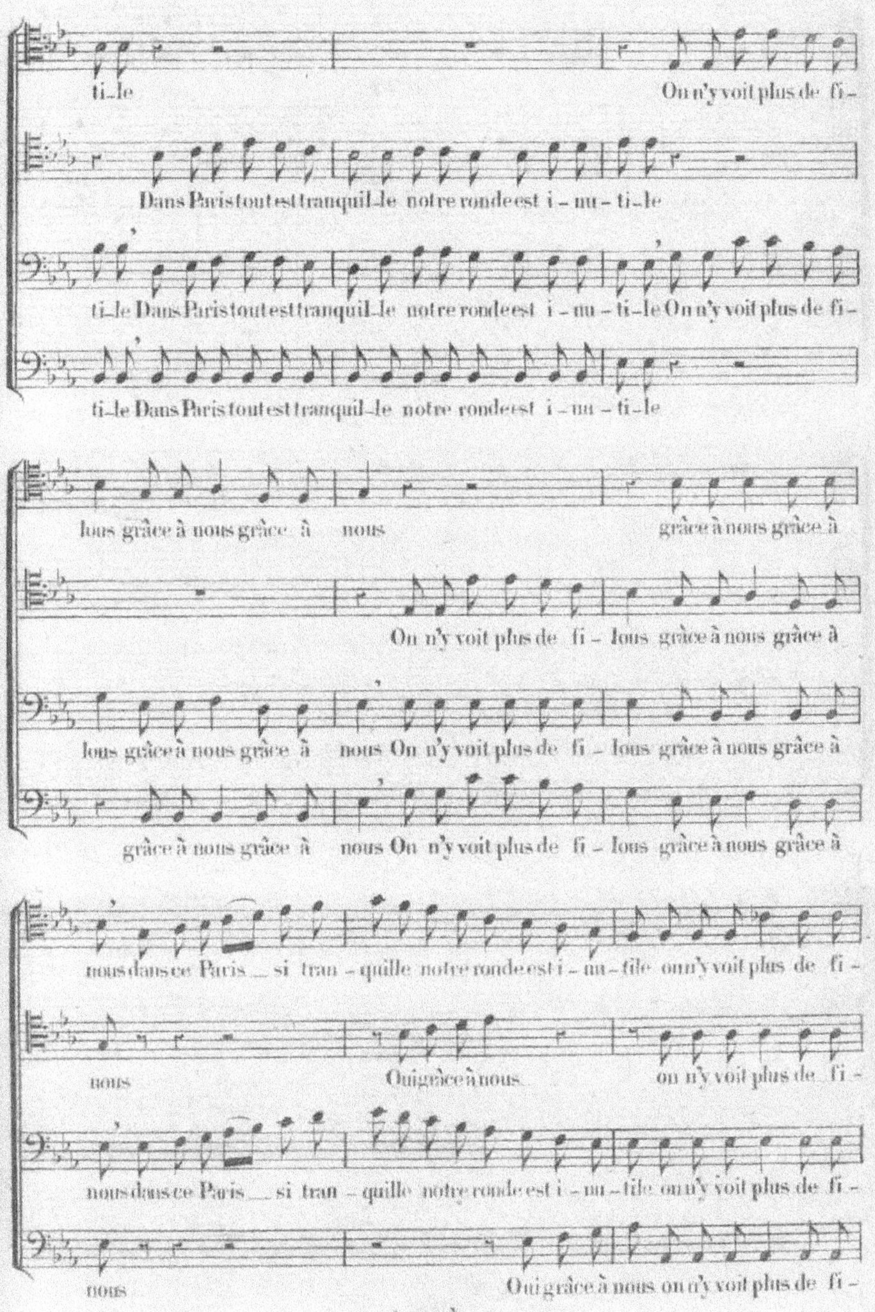
ti_le On n'y voit plus de fi-
Dans Paris tout est tranquil_le notre ronde est i - nu - ti_le
ti_le Dans Paris tout est tranquil_le notre ronde est i - nu - ti_le On n'y voit plus de fi-
ti_le Dans Paris tout est tranquil_le notre ronde est i - nu - ti_le
lous grâce à nous grâce à nous grâce à nous grâce à
On n'y voit plus de fi - lous grâce à nous grâce à
lous grâce à nous grâce à nous On n'y voit plus de fi - lous grâce à nous grâce à
grâce à nous grâce à nous On n'y voit plus de fi - lous grâce à nous grâce à
nous dans ce Paris _ si tran - quille notre ronde est i - nu - tile on n'y voit plus de fi -
nous Oui grâce à nous on n'y voit plus de fi -
nous dans ce Paris _ si tran - quille notre ronde est i - nu - tile on n'y voit plus de fi -
nous Oui grâce à nous on n'y voit plus de fi -

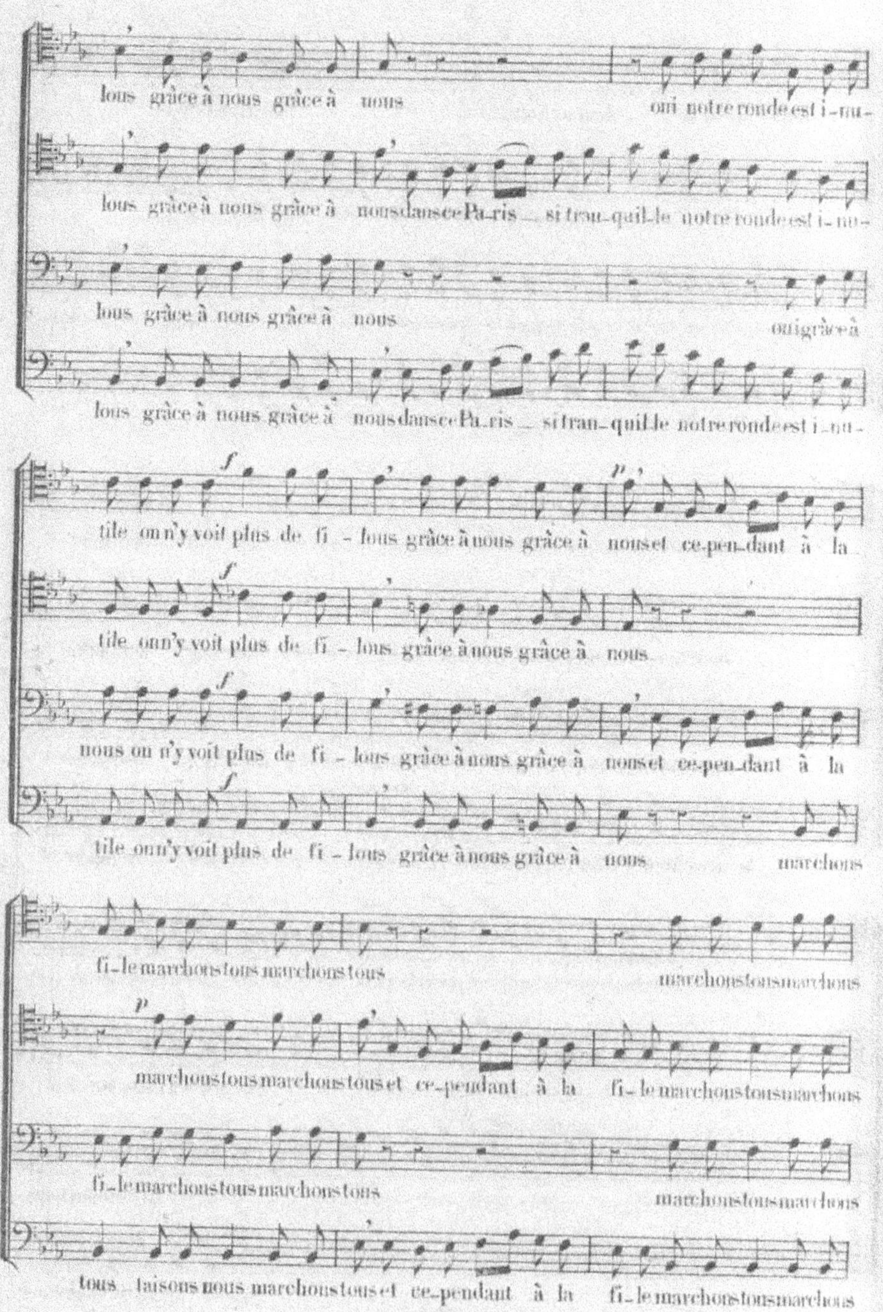
lous grâce à nous grâce à nous
oui notre ronde est i_nu-
lous grâce à nous grâce à nous dans ce Pa_ris _ si tran_quil_le notre ronde est i_nu-
lous grâce à nous grâce à nous
oui grâce à
lous grâce à nous grâce à nous dans ce Pa_ris _ si tran_quil_le notre ronde est i_nu-
tile on n'y voit plus de fi _ lous grâce à nous grâce à nous et ce_pen_dant à la
tile on n'y voit plus de fi _ lous grâce à nous grâce à nous
nous on n'y voit plus de fi _ lous grâce à nous grâce à nous et ce_pen_dant à la
tile on n'y voit plus de fi _ lous grâce à nous grâce à nous
marchons
fi_le marchons tous marchons tous
marchons tous marchons
marchons tous marchons tous et ce_pendant à la fi_le marchons tous marchons
fi_le marchons tous marchons tous
marchons tous marchons
tous _ taisons nous marchons tous et ce_pendant à la fi_le marchons tous marchons

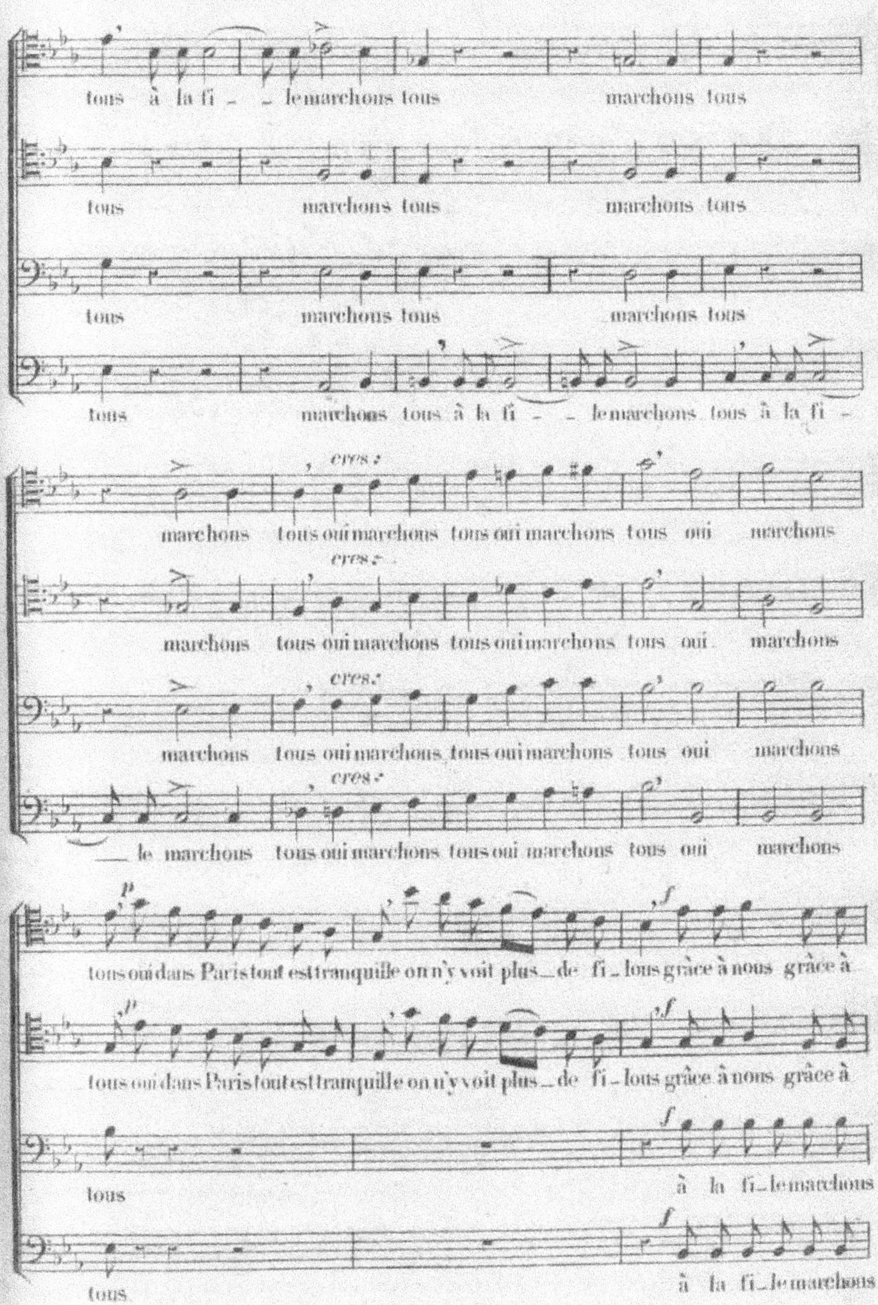
tous à la fi _ _ le marchons tous marchons tous
tous marchons tous marchons tous
tous marchons tous marchons tous
tous marchons tous à la fi _ _ le marchons tous à la fi -
cres:
marchons tous oui marchons tous oui marchons tous oui marchons
cres:
marchons tous oui marchons tous oui marchons tous oui marchons
cres:
marchons tous oui marchons tous oui marchons tous oui marchons
cres:
_ le marchons tous oui marchons tous oui marchons tous oui marchons
p
tous oui dans Paris tout est tranquille on n'y voit plus _ de fi _ lous grâce à nous grâce à
f
p
tous oui dans Paris tout est tranquille on n'y voit plus _ de fi _ lous grâce à nous grâce à
f
f
tous à la fi _ le marchons
f
tous à la fi _ le marchons

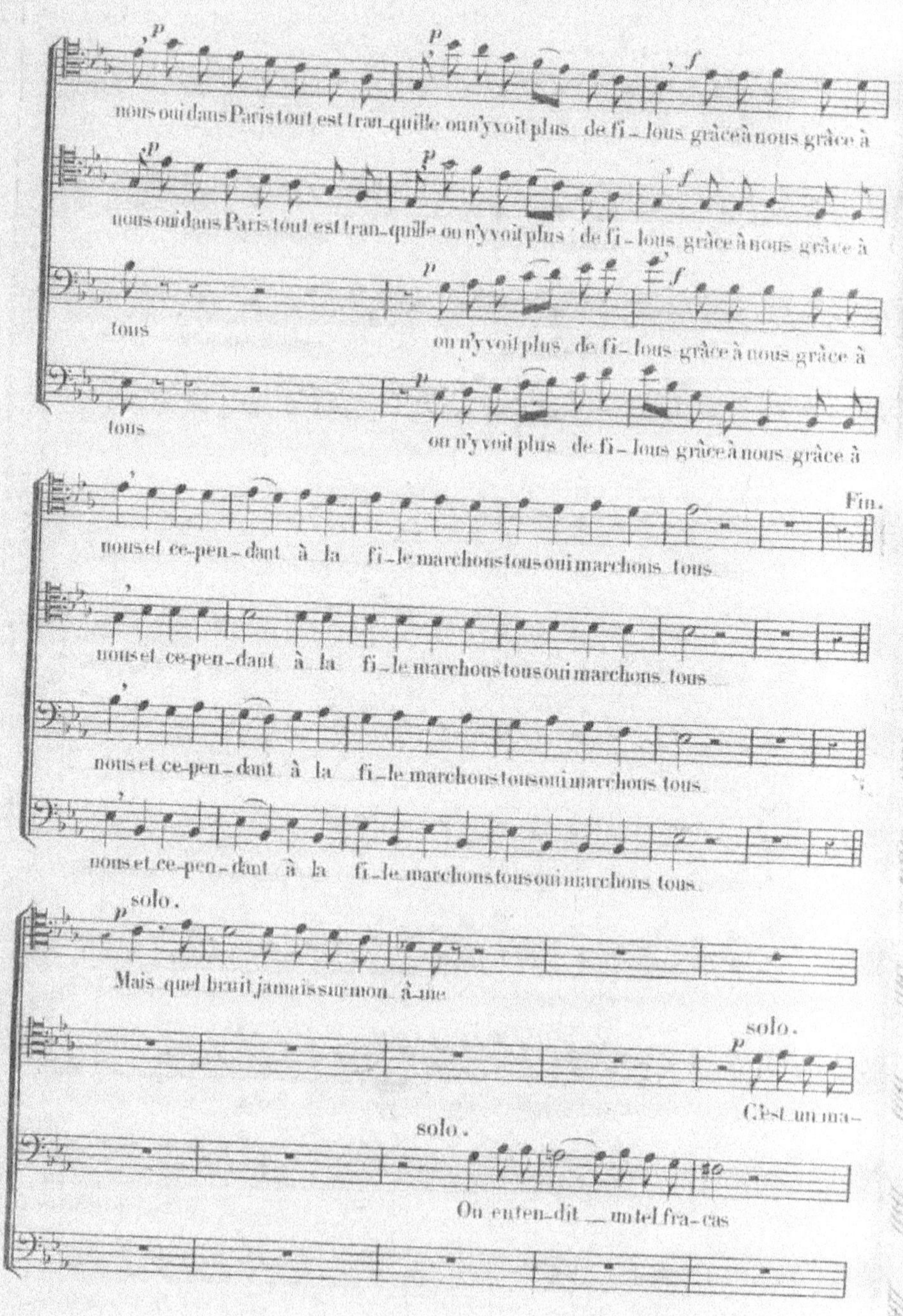
nous oui dans Paris tout est tran_quille on n'y voit plus de fi_lous grâce à nous grâce à
nous oui dans Paris tout est tran_quille on n'y voit plus de fi_lous grâce à nous grâce à
tous
on n'y voit plus de fi_lous grâce à nous grâce à
tous
on n'y voit plus de fi_lous grâce à nous grâce à
Fin.
nous et ce_pen_dant à la fi_le marchons tous oui marchons tous
nous et ce_pen_dant à la fi_le marchons tous oui marchons tous
nous et ce_pen_dant à la fi_le marchons tous oui marchons tous
nous et ce_pen_dant à la fi_le marchons tous oui marchons tous
solo.
Mais quel bruit jamais sur mon â_me
solo.
C'est un ma_
solo.
On enten_dit _ un tel fra_cas

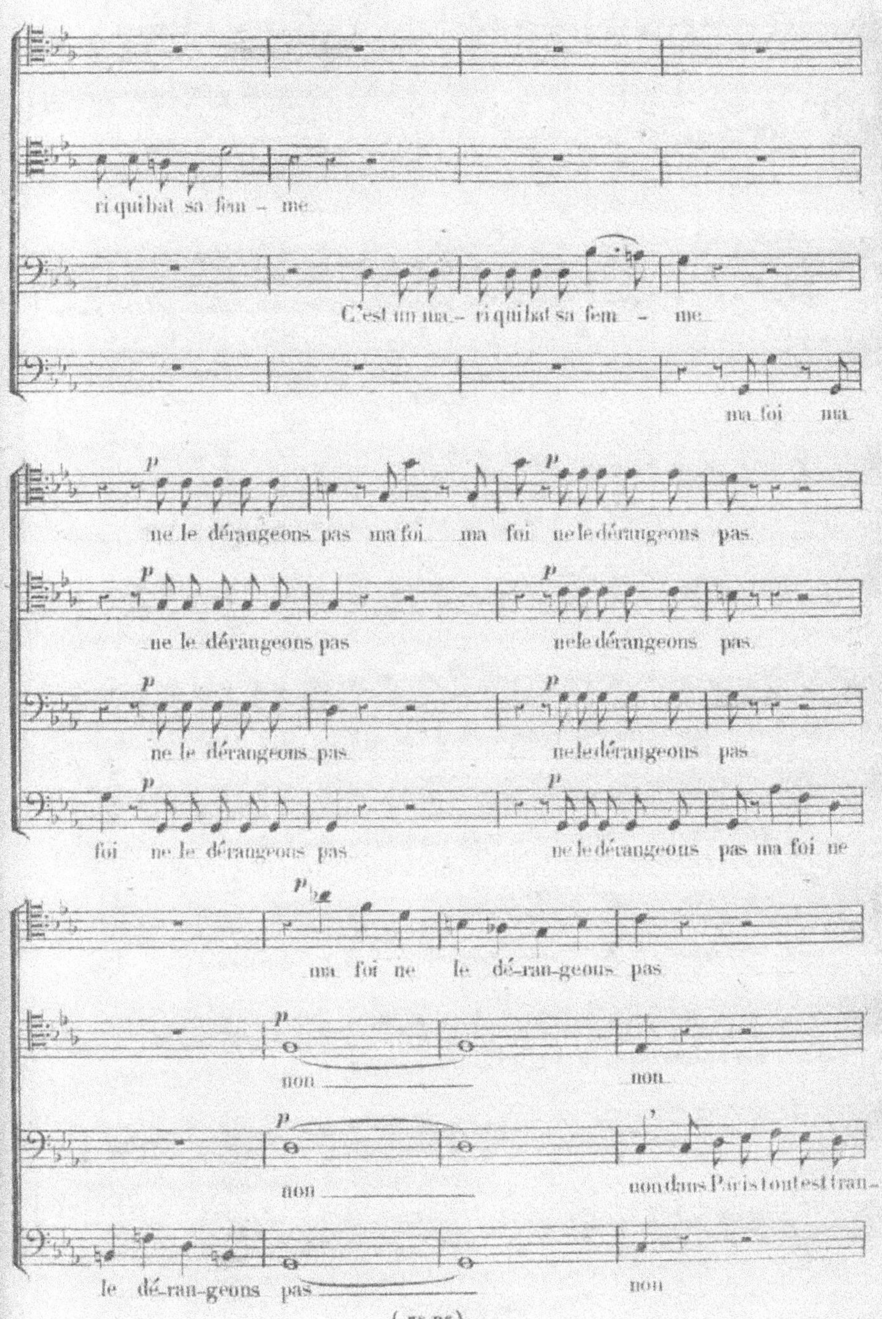

ri qui bat sa fem - me
C'est un ma - ri qui bat sa fem - me
ma foi ma
ne le dérangeons pas ma foi ma foi ne le dérangeons pas
ne le dérangeons pas ne le dérangeons pas
ne le dérangeons pas ne le dérangeons pas
foi ne le dérangeons pas ne le dérangeons pas ma foi ne
ma foi ne le dé-ran-geons pas
non non
non non dans Paris tout est tran-
le dé-ran-geons pas non

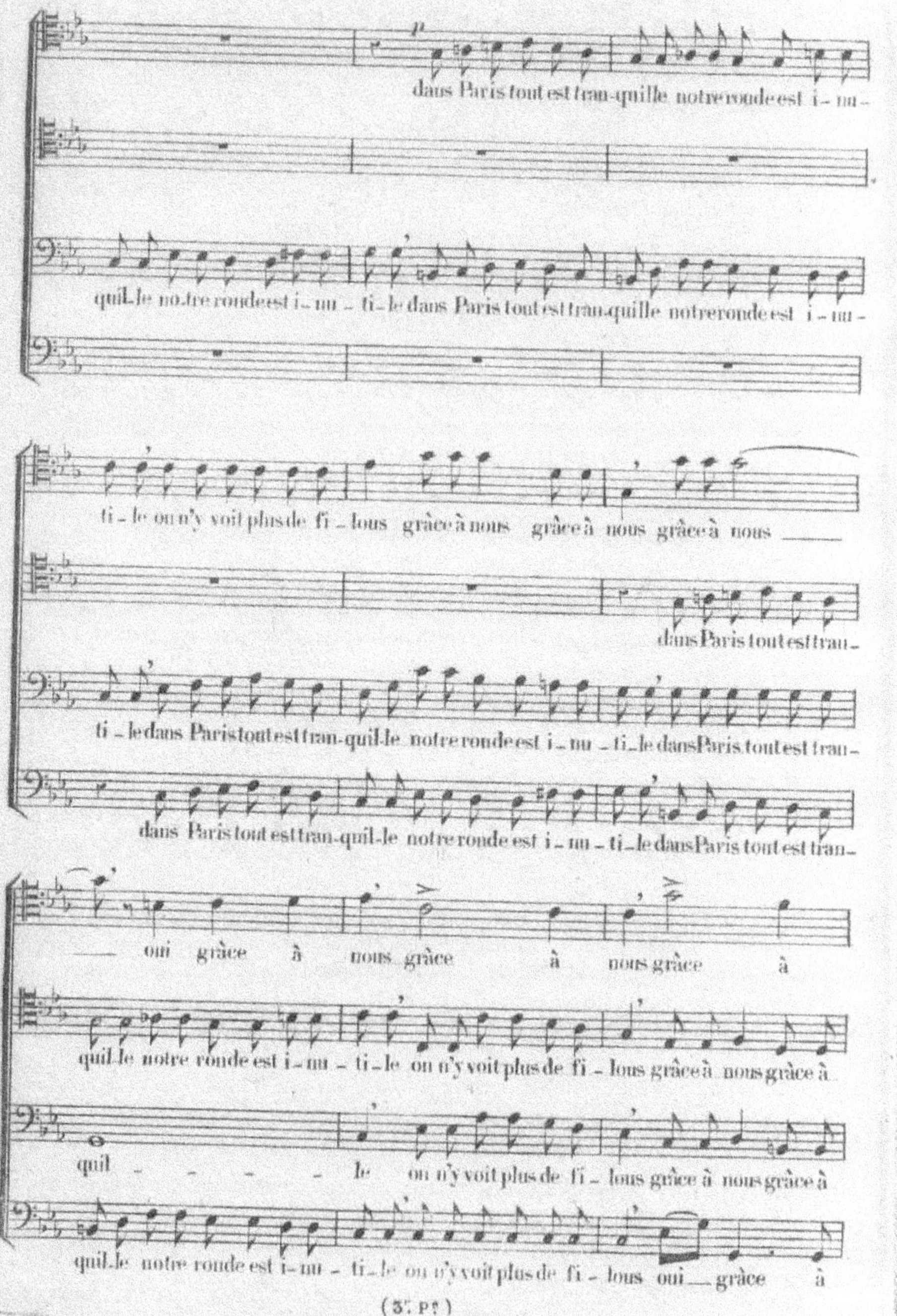
p
dans Paris tout est tran-quille notre ronde est i - nu-
quil-le no-tre ronde est i - nu - ti - le dans Paris tout est tran-quille notre ronde est i - nu-
ti - le on n'y voit plus de fi - lous grâce à nous grâce à nous grâce à nous
dans Paris tout est tran-
ti - le dans Paris tout est tran-quil-le notre ronde est i - nu - ti - le dans Paris tout est tran-
dans Paris tout est tran-quil-le notre ronde est i - nu - ti - le dans Paris tout est tran-
oui grâce à nous grâce à nous grâce à
quil-le notre ronde est i - nu - ti - le on n'y voit plus de fi - lous grâce à nous grâce à
quil - - - - le on n'y voit plus de fi - lous grâce à nous grâce à
quil-le notre ronde est i - nu - ti - le on n'y voit plus de fi - lous oui grâce à

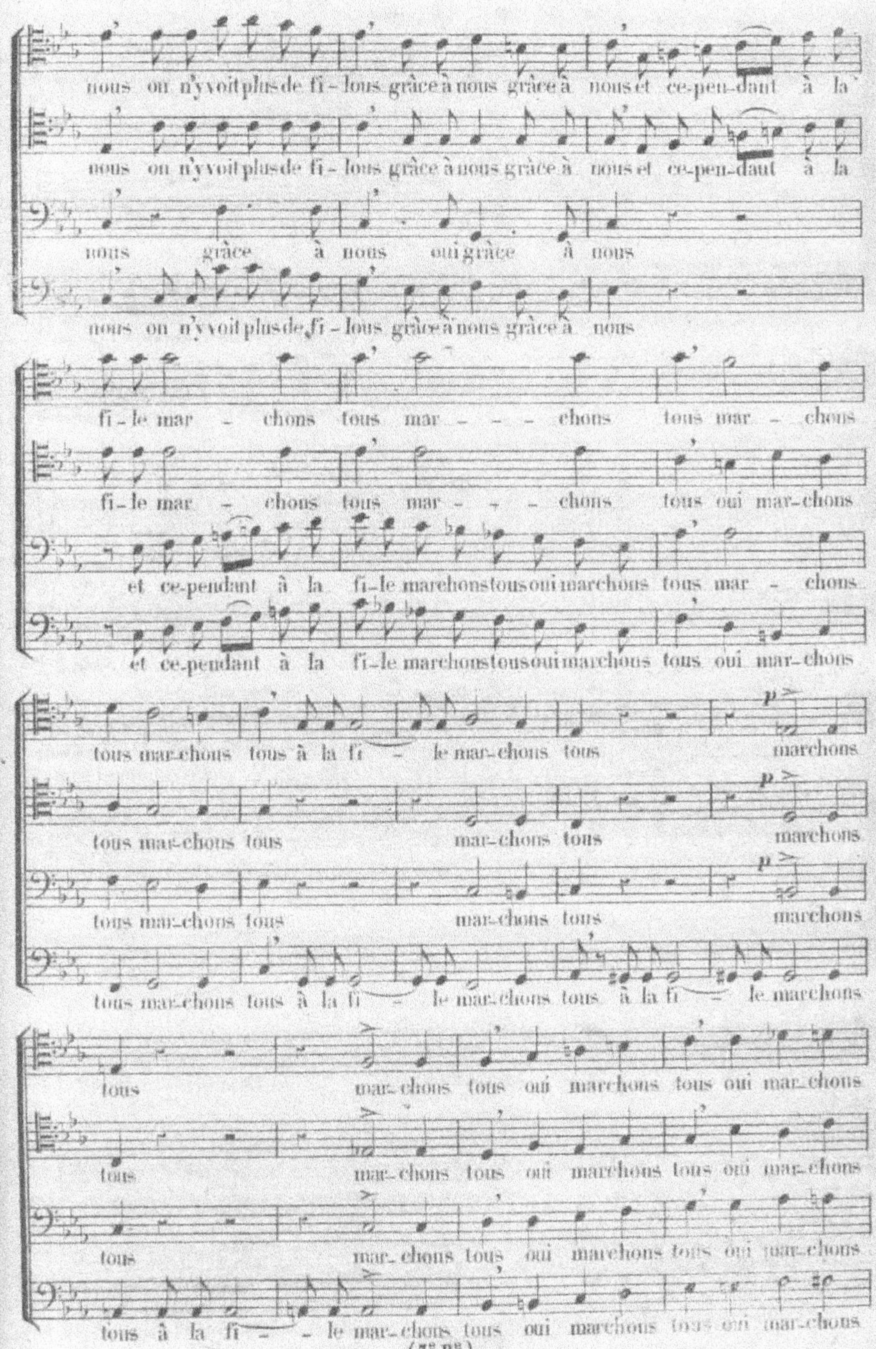
nous on n'y voit plus de fi - lous grâce à nous grâce à nous et ce-pen-dant à la
nous on n'y voit plus de fi - lous grâce à nous grâce à nous et ce-pen-daut à la
nous grâce à nous oui grâce à nous
nous on n'y voit plus de fi - lous grâce à nous grâce à nous
fi - le mar - chons tous mar - - - chons tous mar - chons
fi - le mar - chons tous mar - - - chons tous oui mar-chons
et ce-pendant à la fi - le marchons tous oui marchons tous mar - chons
et ce-pendant à la fi - le marchons tous oui marchons tous oui mar-chons
tous mar-chons tous à la fi - le mar-chons tous marchons
tous mar-chons tous mar-chons tous marchons
tous mar-chons tous mar-chons tous marchons
tous mar-chons tous à la fi - le mar-chons tous à la fi - le marchons
tous mar-chons tous oui marchons tous oui mar-chons
tous mar-chons tous oui marchons tous oui mar-chons
tous mar-chons tous oui marchons tous oui mar-chons
tous à la fi - - le mar-chons tous oui marchons tous oui mar-chons

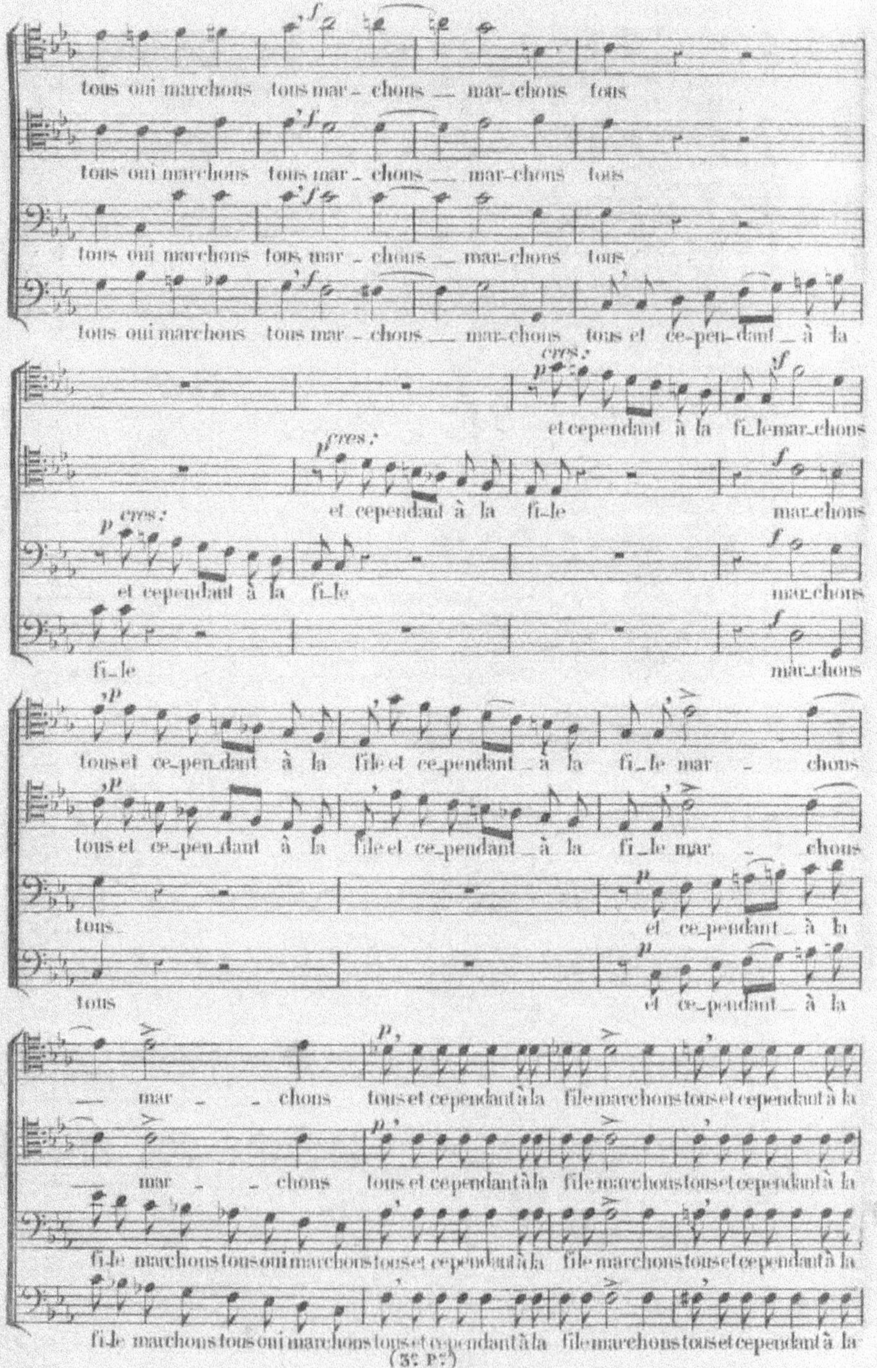
tous oui marchons tous mar_chons __ mar_chons tous
tous oui marchons tous mar_chons __ mar_chons tous
tous oui marchons tous mar_chons __ mar_chons tous
tous oui marchons tous mar_chons __ mar_chons tous et ce_pen_dant _ à la
cres:
et cependant à la fi_le mar_chons
cres:
et cependant à la fi_le mar_chons
cres:
et cependant à la fi_le mar_chons
fi_le mar_chons
tous et ce_pen_dant à la file et ce_pendant _ à la fi_le mar _ chons
tous et ce_pen_dant à la file et ce_pendant _ à la fi_le mar _ chons
tous et ce_pendant _ à la
tous et ce_pendant _ à la
__ mar _ _ chons tous et cependant à la file marchons tous et cependant à la
__ mar _ _ chons tous et cependant à la file marchons tous et cependant à la
fi_le marchons tous oui marchons tous et cependant à la file marchons tous et cependant à la
fi_le marchons tous oui marchons tous et cependant à la file marchons tous et cependant à la

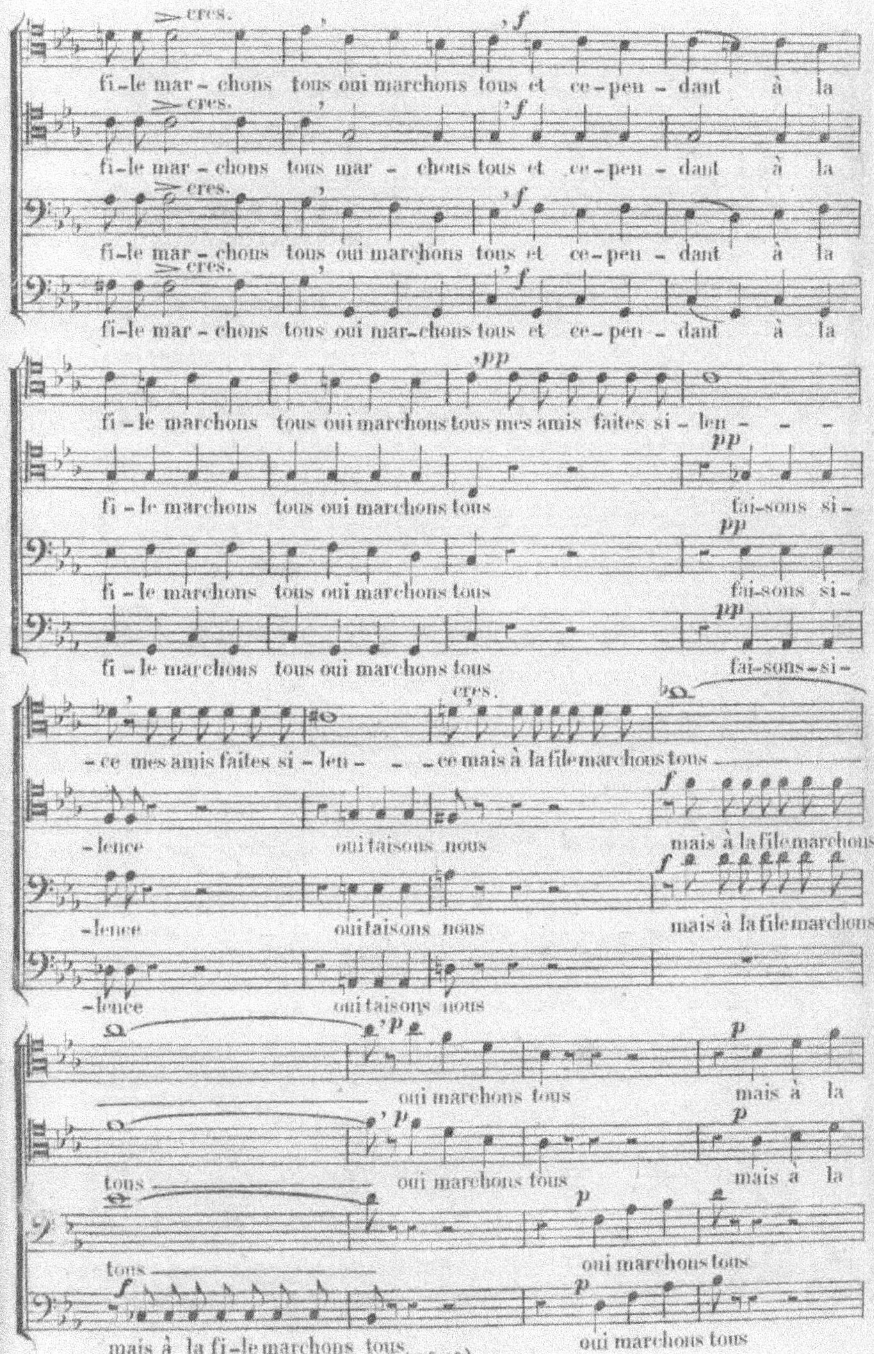
cres.
fi-le mar-chons tous oui marchons tous et ce-pen-dant à la
fi-le mar-chons tous mar-chons tous et ce-pen-dant à la
fi-le mar-chons tous oui marchons tous et ce-pen-dant à la
fi-le mar-chons tous oui mar-chons tous et ce-pen-dant à la
pp
fi-le marchons tous oui marchons tous mes amis faites si-len-
fi-le marchons tous oui marchons tous fai-sons si-
fi-le marchons tous oui marchons tous fai-sons si-
fi-le marchons tous oui marchons tous fai-sons-si-
-ce mes amis faites si-len-ce mais à la file marchons tous
-lence oui taisons nous mais à la file marchons
-lence oui taisons nous mais à la file marchons
-lence oui taisons nous
oui marchons tous mais à la
tous oui marchons tous mais à la
tous oui marchons tous
mais à la fi-le marchons tous oui marchons tous
(3e P.)

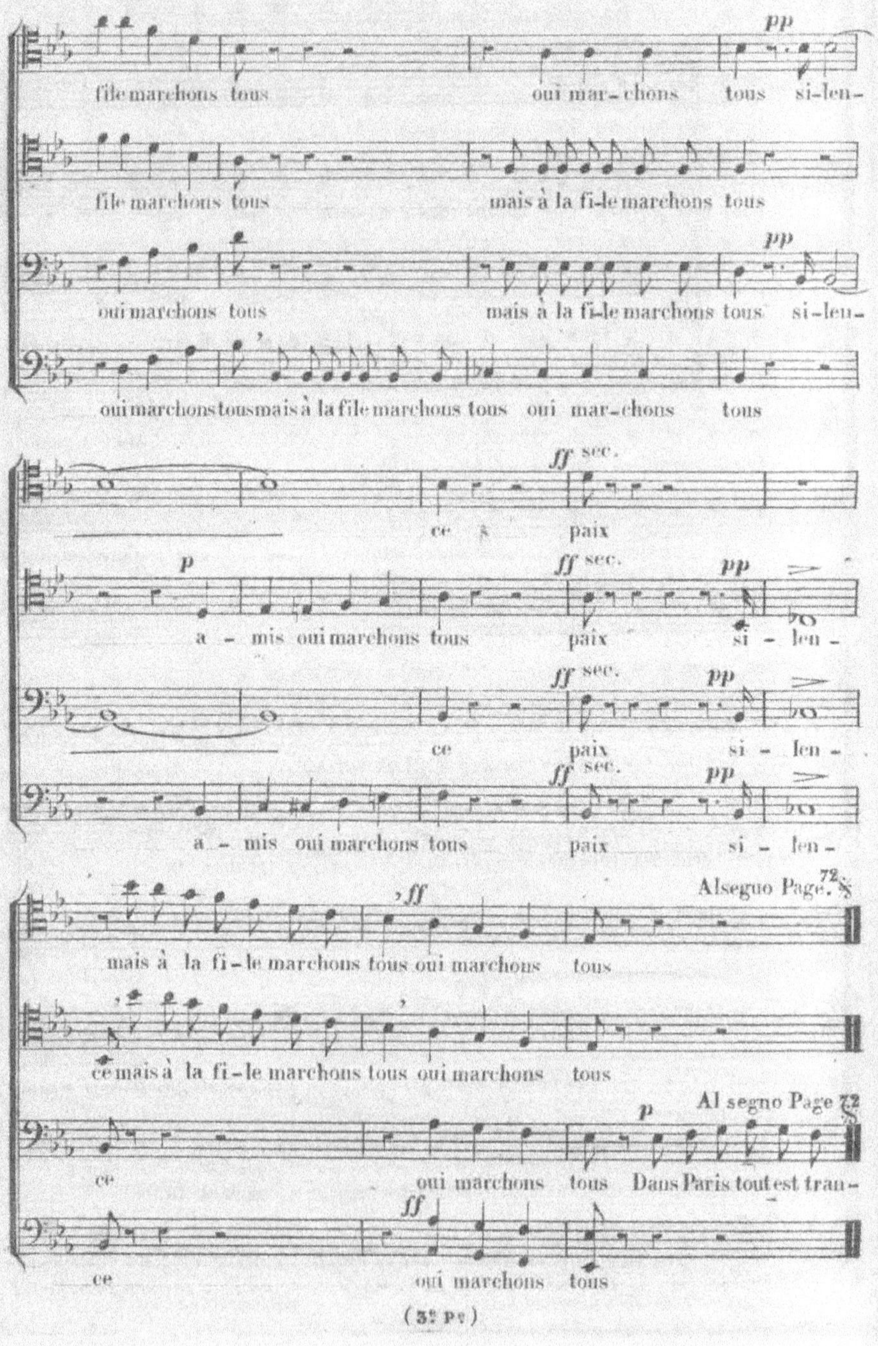
pp
file marchons tous oui mar-chons tous si-len-
file marchons tous mais à la fi-le marchons tous
pp
oui marchons tous mais à la fi-le marchons tous si-len-
oui marchons tous mais à la file marchons tous oui mar-chons tous
ff sec.
ce paix
p ff sec. pp
a - mis oui marchons tous paix si - len-
ff sec. pp
ce paix si - len-
ff sec. pp
a - mis oui marchons tous paix si - len-
Al segno Page 72
ff
mais à la fi - le marchons tous oui marchons tous
ce mais à la fi - le marchons tous oui marchons tous
Al segno Page 72
p
ce oui marchons tous Dans Paris tout est tran-
ff
ce oui marchons tous

FUGUE A QUATRE VOIX
et trois SUJETS.

(Pour Soprano, Contralto, Tenore, et Basso).

N°. 140.

Moderato, 𝅗𝅥=104.

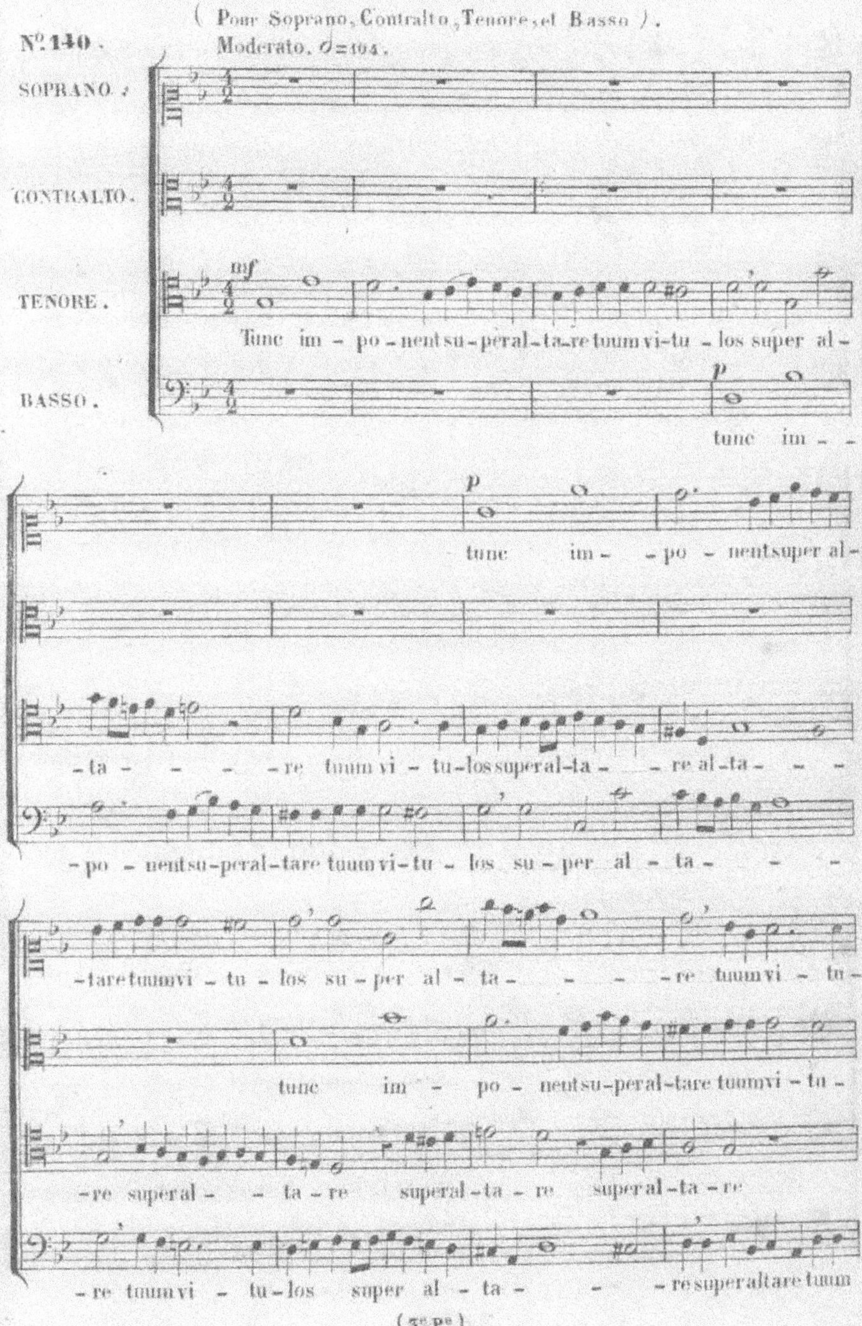

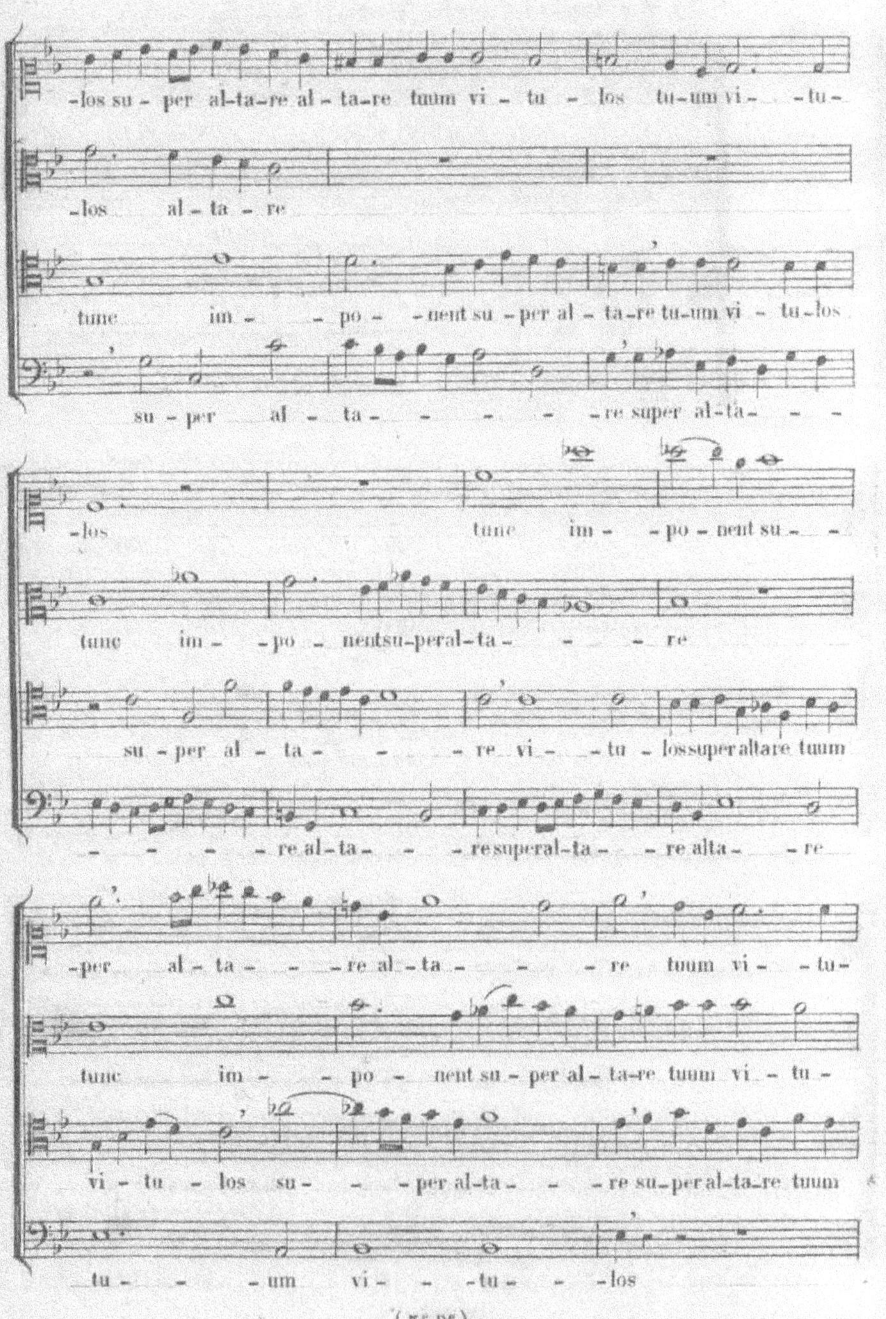
-los su - per al-ta-re al - ta-re tuum vi - tu - los tu-um vi - - tu-
-los al - ta - re
tunc im - - po - - nent su - per al - ta-re tu-um vi - tu-los
su - per al - ta - - - - - re super al-ta - - -
-los tunc im - - po - nent su - -
tunc im - - po - nentsu-peral-ta - - - re
su - per al - ta - - - re vi - - tu - lossuperaltare tuum
- - - - re al-ta - - - resuperal-ta - - re alta - - re
-per al - ta - - - re al - ta - - - re tuum vi - - tu-
tunc im - - po - nent su - per al - ta-re tuum vi - tu -
vi - tu - los su - - per al-ta - - - re su-per al-ta-re tuum
tu - - - um vi - - tu - - los

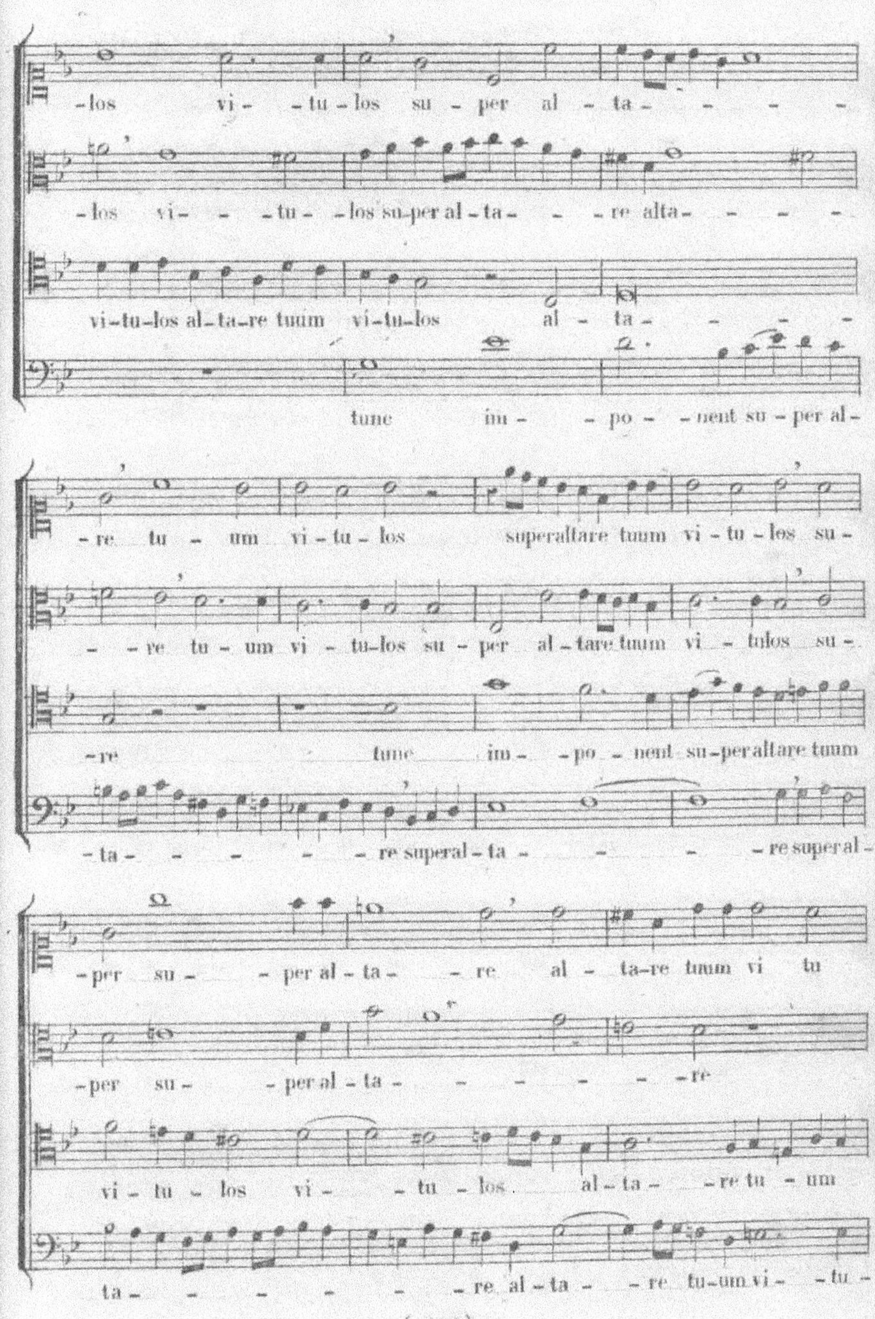
-los vi- -tu-los su-per al-ta-
-los vi- -tu- -los su-per al-ta- -re alta-
vi-tu-los al-ta-re tuum vi-tu-los al- ta-
tunc im- -po- -nent su-per al-
-re tu- um vi-tu-los superaltare tuum vi-tu-los su-
-re tu-um vi-tu-los su-per al-tare tuum vi-tulos su-
-re tunc im- -po- -nent su-peraltare tuum
-ta- -re superal-ta- -re superal-
-per su- -per al-ta- -re al- ta-re tuum vi tu
-per su- -per al-ta- -re
vi-tu-los vi- -tu-los al-ta- -re tu-um
ta- -re al-ta- -re tu-um vi- -tu-

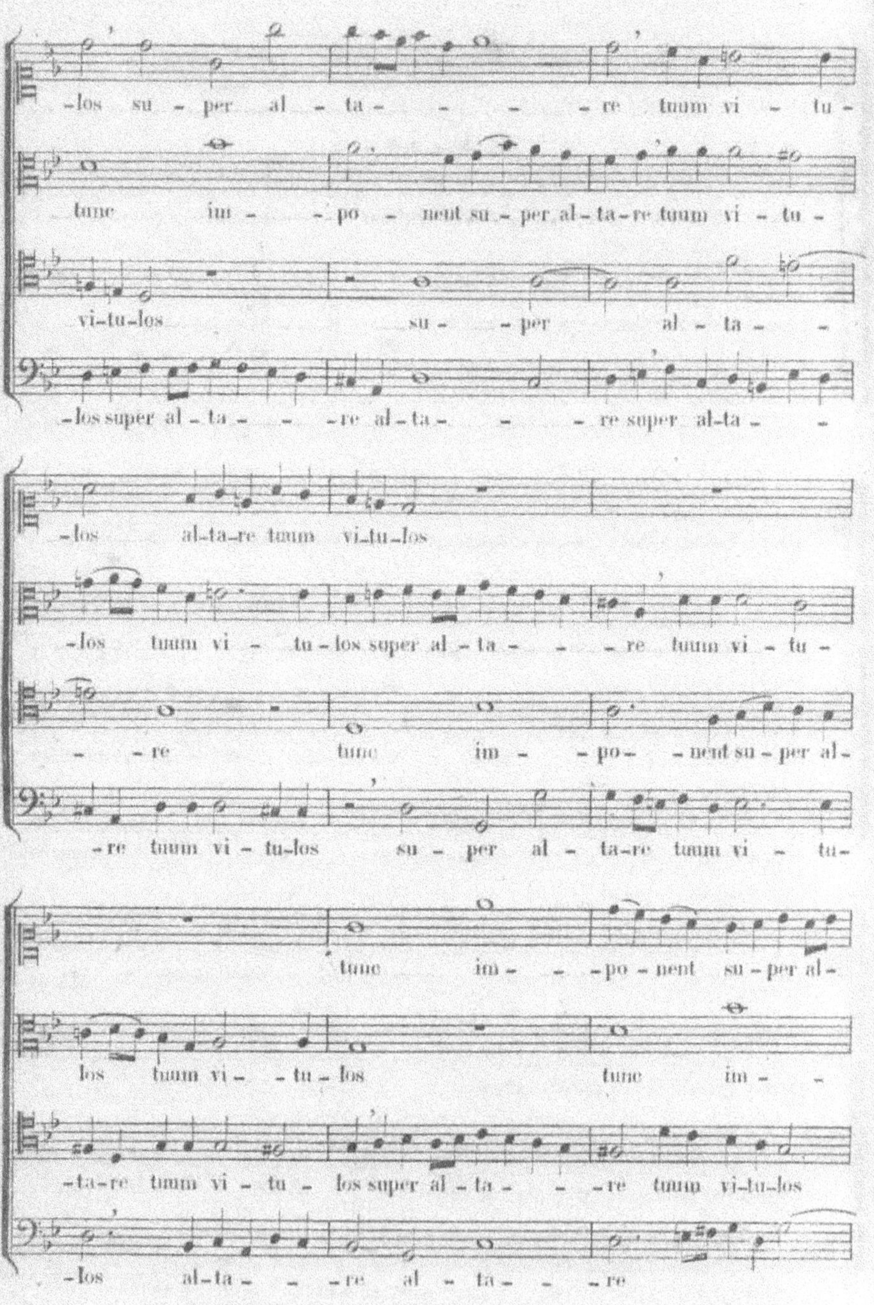
-los su - per al - ta - - - - re tuum vi - tu -
tunc im - - po - nent su - per al - ta - re tuum vi - tu -
vi-tu-los su - - per al - ta - -
-los super al - ta - - - re al - ta - - - re super al-ta - -
-los al-ta-re tuum vi-tu-los
-los tuum vi - tu - los super al - ta - - - re tuum vi - tu -
- - re tunc im - - po - - nent su - per al-
-re tuum vi - tu-los su - per al - ta-re tuum vi - tu-
tunc im - - po - nent su - per al-
los tuum vi - - tu - los tunc im - -
-ta-re tuum vi - tu - los super al - ta - - re tuum vi-tu-los
-los al-ta - - - re al - ta - - - re

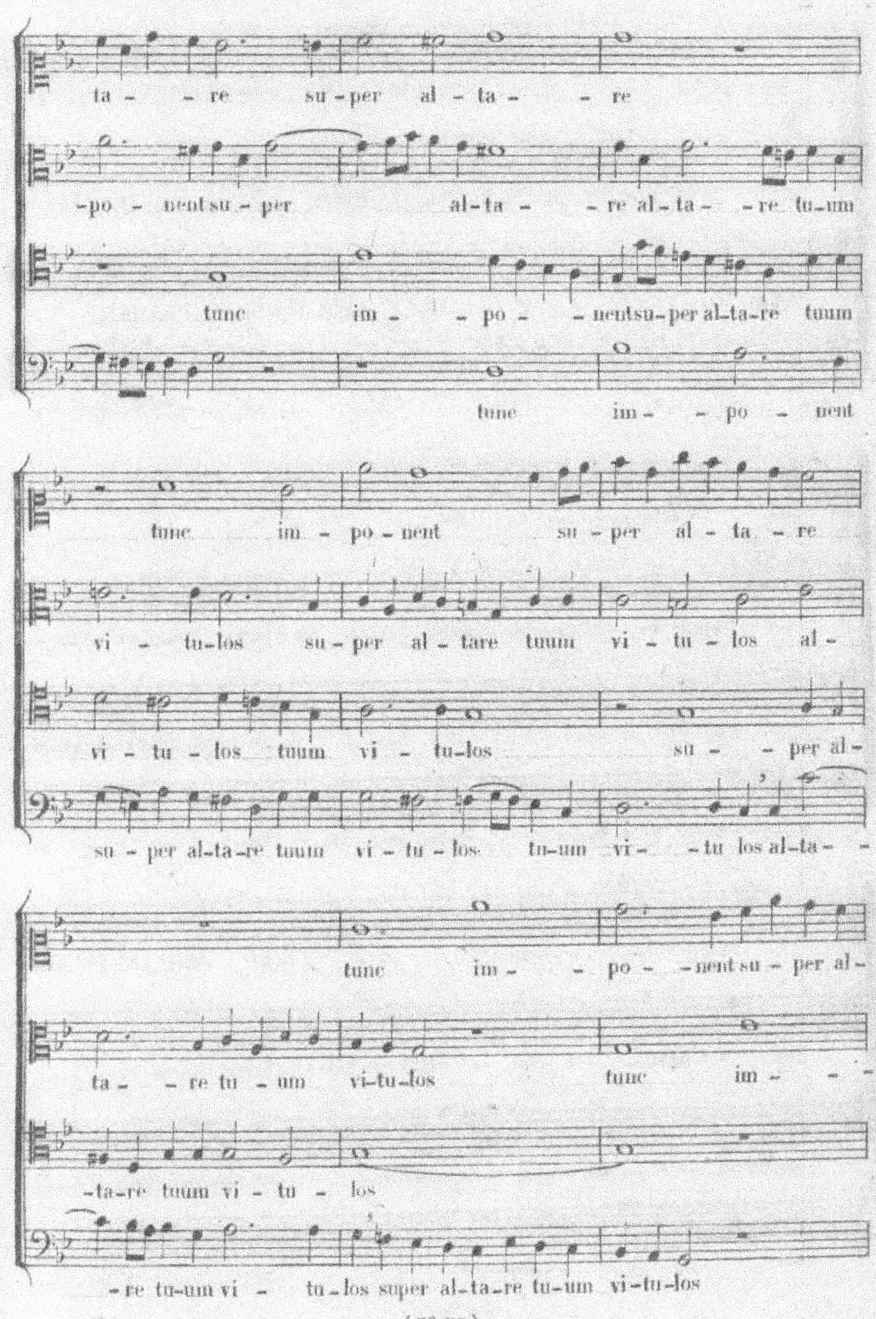
ta - re su - per al - ta - re
-po - nent su - per al - ta - re al - ta - re tu - um
tunc im - po - nent su - per al - ta - re tuum
tunc im - po - nent
tunc im - po - nent su - per al - ta - re
vi - tu - los su - per al - tare tuum vi - tu - los al -
vi - tu - los tuum vi - tu - los su - per al -
su - per al - ta - re tuum vi - tu - los tu - um vi - tu los al - ta -
tunc im - po - nent su - per al -
ta - re tu - um vi - tu - los tunc im -
-ta - re tuum vi - tu - los
- re tu - um vi - tu - los super al - ta - re tu - um vi - tu - los

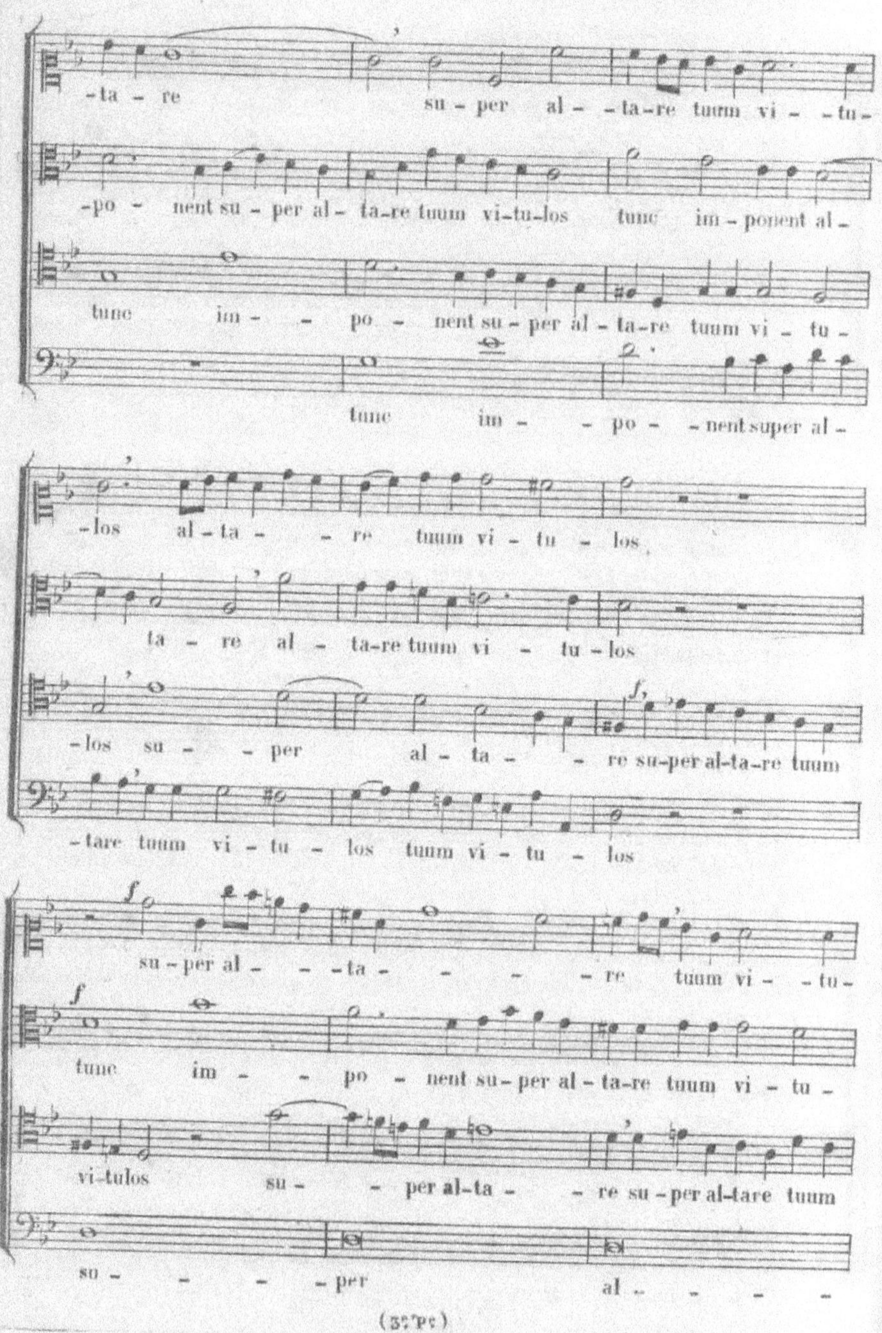

-ta - re su - per al - - ta - re tuum vi - - tu-
-po - nent su - per al - ta - re tuum vi - tu - los tunc im - po nent al -
tunc im - - po - nent su - per al - ta - re tuum vi - tu -
tunc im - - po - - nent super al -
-los al - ta - - re tuum vi - tu - los
ta - re al - ta - re tuum vi - tu - los
-los su - - per al - ta - - re su - per al - ta - re tuum
-tare tuum vi - tu - los tuum vi - tu - los
su - per al - - ta - - - - re tuum vi - - tu -
tunc im - - po - nent su - per al - ta - re tuum vi - tu -
vi - tu - los su - - per al - ta - - re su - per al - tare tuum
su - - - - per al - - - -
f

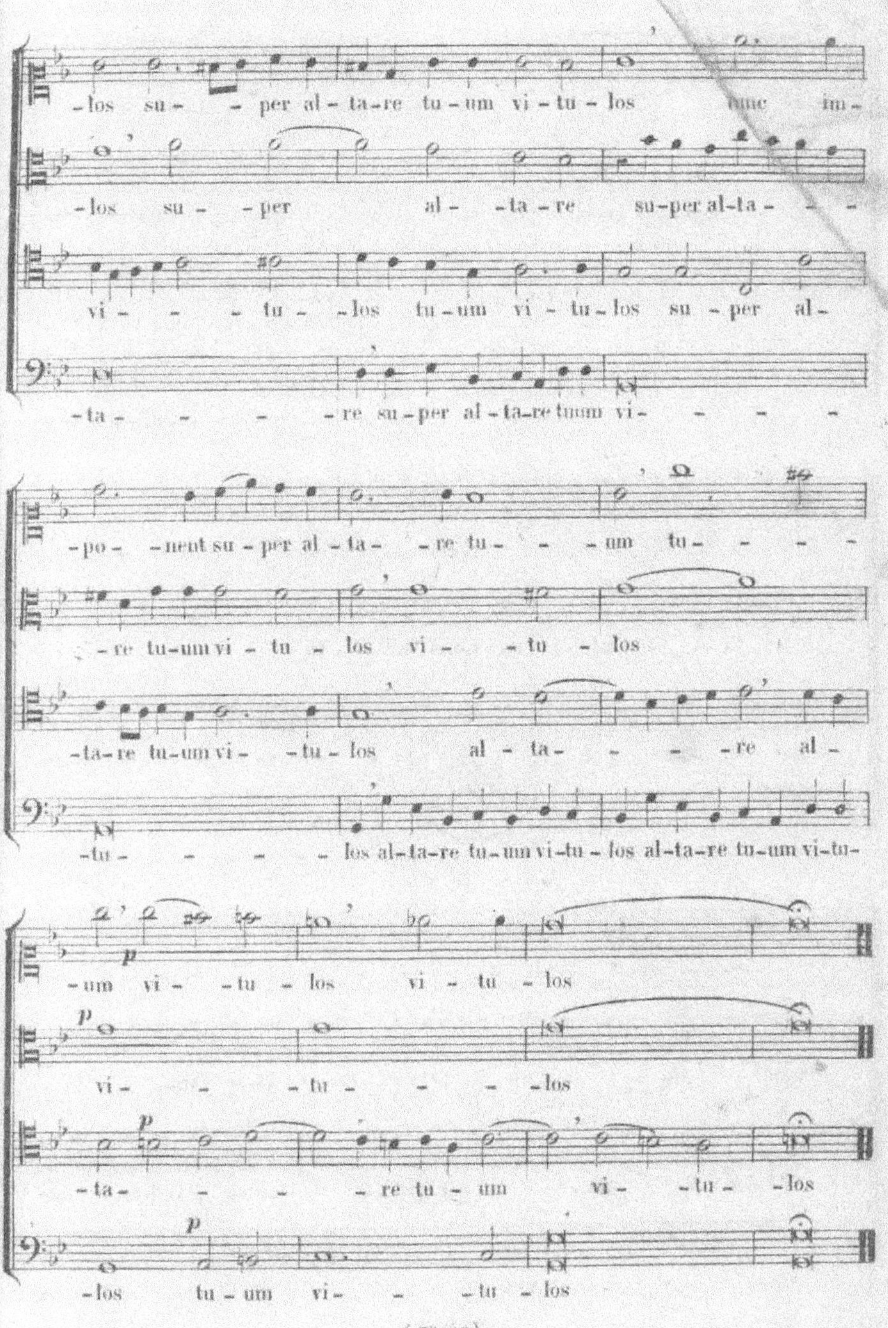
-los su- -per al-ta-re tu-um vi-tu-los tunc im-
-los su- -per al- -ta-re su-per al-ta- - -
vi- - -tu- -los tu-um vi-tu-los su-per al-
-ta- - - -re su-per al-ta-re tuum vi- - - -
-po- -nent su-per al-ta- -re tu- - -um tu- - - -
-re tu-um vi-tu-los vi- -tu-los
-ta-re tu-um vi- -tu-los al-ta- - - -re al-
-tu- - - -los al-ta-re tu-um vi-tu-los al-ta-re tu-um vi-tu-
-um vi- -tu-los vi-tu-los
vi- - -tu- - - -los
-ta- - - -re tu-um vi- -tu- -los
-los tu-um vi- -tu-los

www.ingramcontent.com/pod-product-compliance
Ingram Content Group UK Ltd.
Pitfield, Milton Keynes, MK11 3LW, UK
UKHW020343180726
13839UKWH00002B/887